目からウロコのカウンセリング革命

メッセージコントロールという発想

下園壮太 著

日本評論社

素朴な疑問──はじめにかえて

私がカウンセリングの勉強を始めたのは、今から、かれこれ十数年前のことです。職務上の必要性があって、東京のカウンセリングスクールで数週間、カウンセリングの基礎を教えてもらいました。

授業は面白く、「よしこれで自分もカウンセリングできる」と少しばかりの自信をもつこともできました。当時広島に住んでいた私は、意気揚々とわが家に帰り、早速学んできたことを実践で試してみようと思ったのです。

ある日妻がイライラしています。私はチャンスとばかりに妻の話を聞き、カウンセリングスクールで練習した「要約」を試みました。

「そうかあ。それで君は僕が部屋を片づけないから怒っているんだね。それはひどいね」

──ようし、共感したぞ。「感情の反射」も入れて、上出来の要約だ。

と悦に入っていたところ、妻はみるみるうちに形相を変え、

「何よ、わかっているんだったらちゃんとやってよ。人をバカにしてんの？」

とはげしく怒り始めました。

——あれ、何がまずかったんだろう？

私は困惑しながらも、ただただ妻の怒りをなだめるのに一所懸命でした。

——やっぱり、実践では使えないだろうか？


そういえば、今さらながら講義のときに感じていたさまざまな疑問が思い出されます。「カウンセラーは絶対自分のことを話してはいけません。ただ相手の言うことを受容し、共感するのです。反論してはいけません。アドバイスなどもってのほかです。ただただ聞いていれば、それで相手は必ず自分の問題点を自分で見つけて、解決していきます」

講義で何度も聞いたこの注意事項。初めて聞いたときは「本当にそれでクライアントのためになるのだろうか」と素朴な疑問がわいてきたものです。ところが実習をやっているうちに、「そういう聞き方もあるんだなあ」と納得してしまっていました。

実習生同士の練習（ロールプレイ）では、お互いを率直に非難することはなかなかできないので、「うまいですよ」とおだてられていい気になっていました。そうすると初めにもっていた素朴な疑問も、いつのまにか忘れてしまっていたのです。

またそれから一年ほどたったころのことです。経験を積むにしたがい私は、やはり共感し受容することが大切だと理解し、少しばかりの手ごたえを感じ始めていました。

あるとき、うつ状態から職場復帰してきた人のカウンセリングをすることになりました。

「みんなは良くなったと言うのですが、私は一生治らないかもしれないと思うんです」

とクライアントが言います。

「それはつらいですよね」

――一生治らないと思うと苦しいだろうな…

私はそのクライアントの気持ちに自然に共感していました。

「治らなかったら、退職させられちゃうんですよ」

「そうなんですか。そうなると、困ってしまいますよね」

「はあ」

その人とのカウンセリングは、いつもこのような調子です。私自身も暗くなってしまいますが、「そのうちにクライアントは自分の答えを見つけてくれるはず」と自分を励まして、カウンセリングを続けていました。

ところが、そのクライアントがカウンセリング室を訪れなくなったのです。

しばらくして、その人が「カウンセラーのところに行くと、かえって元気がなくなるからもう行かない」と言っているということを、人づてに聞きました。

――共感して、受容するだけでは、やはりダメなんだ。

これまで何とか固まりつつあった自分の方法論に対する自信が一気に失われ、私はかなり落ち込み、迷ってしまいました。

これらはカウンセリングを勉強した人が、必ずといっていいほど遭遇する壁でしょう。大学やカウンセリングスクールで、新しいコミュニケーション技術を身につけた。これで人の悩みを解消できると希望と自信に満ちあふれて実践に臨む。ところがその自信はあっというまに砕けて、途方にくれてしまう。一時間もかけて一生懸命聞いたのに、相手の悩みが（自分がイメージしたようには）解決していない。「いったい自分は何をしているのだろう。自分のやっていることは本当に正しいのだろうか」と、自分自身を疑い始めます。ときには、「自分はただクライアントを苦しめているだけではないのだろうか……」と感じることさえあります。

こうなると、カウンセリングそのものに関するやりがいを失ってしまうのです。

また、その人の問題を解決したいとカウンセラー自身が焦るあまり、自分がその問題（クライアント）と距離がとれず、自分の生活が維持できなくなるカウンセラーもいます。クライアントに振り回される感覚です。

するとカウンセリングで「人のためになっている」という自信ややりがいを感じる（プラス面）以上に、実生活のうえでのさまざまなトラブル（マイナス面）のほうが大きくなってきます。そして疲れ果ててしまうのです。

このようにしてせっかく楽しく学んだカウンセリング技術を、実践の場で活かしきっていない人は案外多いものです。

学んだ技術が、実践という場でなかなか使いこなせない。そのことだけで、「困っている人の助けになりたい」というすばらしい志が、逆に自己嫌悪という結果に終わってしまうのはとても残念なことです。

どうしてそうなってしまうのでしょう。

私は、私の場合を含め、日本でカウンセリング教育を受けた人びとに、カウンセラーとしてやっていくだけの「本当に使える知識や技量」が身についていないから、というのが根本の理由ではないかと思っているのです。誤解を恐れずに端的にいうと、日本で教えられているカウンセリングが、あまり実践的でないと感じているのです。

いま日本で教えられているカウンセリングは、外国の理論をアレンジしたものがほとんどです。具体性が乏しいうえ、本当の初心者にはなかなか理解しにくい。翻訳の本が読みにくいように、一般人にはどうもピンとこないのです。

だから、かなりの時間と費用をかけて教育を受けても（学友と修了証書は得たものの）、結局「これでやれる」という自信が得られていない人が多いのです。英語教育と同じように、関心はあるのに実力がつかないという矛盾した状態に陥っています。

私は、今のカウンセリング教育では、①カウンセリングとは何なのか（どういう効果を与えようとするものなのか）、②そのためにはどういう作業をすればいいのか、③それができるようになるためには、どのようなトレーニングを積めばいいのか、というような基本的な知識や技術を明確にしていないと感じています。

このような基礎をもたずに実践に臨むと、自分がやった作業を正しく評価できず、また改善のための方向性も見えないので、やるたびに不十足感にさいなまれ、自己嫌悪に陥り、結局カウンセリングから遠ざかってしまうのです。

あるいはその不安を払拭するため、やたらと小手先の技法に走ってしまい、技法を習得する達成感で意味のない自信をもち、その効果がないとクライアントのせいにしてしまう人もいます。そのような偽りの万能感はそれほど長く続くわけがなく、あんなに熱心だった技法からもいつのまにか離れて、カウンセリングをやめてしまう人も多いようです。

私は、職務としてカウンセリングする必要がありました。学んだことは学んだこととしていったんは受け入れ、そのうえで現実に合うようにアレンジしなければならない。私はそういうつもりでカウンセリングの実戦を積み重ねました。先に紹介したような試練の連続でしたが、それが私を鍛えてくれました。

また、私は新米カウンセラーでありながら、同じく職務としてカウンセラーを養成する任務ももっていました。これは私にとって大変貴重な経験となりました。自分で納得しなければ、教えられないからです。

私は東京のカウンセリングスクールで教えてもらったときに抱いた「素朴な疑問」（表1）を大切にしながら、自分なりのカウンセリング理論を必死で模索していったのです。実践をもとに自分で納得できるまで考え、実践で試し、生徒に教え、そしてまた考える。私のカウンセリングに関する理論や技術は、そうして発展してきました。

本書では、そんな私の理論や技術のうち、非常に基本的でかつ実践的なものだけを、わかりやすく、使いやすく、お伝えしていきます（ですから、心理学の難しい理論や歴史などは出てきません。安心してください）。本書を読み終えるまでには、これらの素朴な疑問に対するあなたなりの答えを見つけられるはずです。

ところで、本書を読む人の中には、実際に心理学部を卒業した人とか、臨床心理士の人もいるでしょう。そのように一応「勉強した」という人の中にも、カウンセリングの実践において、不安を抱える人が多いのです。

本書の裏の目的は、そのようなセミプロの人たちにも、実践のコツを伝えることです。そこで、「少しカウンセリングを勉強した」という人たちのために、特別に解説を付け加えることにしました。将来大輪の花を咲かせる前段階という意味をこめて、「つぼみたちへ」という項目をいたるところに入れてあります。参考にしてみてください。初めてこの分野を勉強される方は、読み飛ばしてもかまいません。

表１　私が感じていたカウンセリングに関する素朴な疑問

Q1	聞いているだけではらちがあかないのではないか。実際アドバイスして目が開いたというケースが多いのではないか。
Q2	聞くだけだって？　それでクライアントが自分自身の解決法を見つけていく？　でも、話を十分聞いても、新しい答えなんて見つからないことが多いのでは。
Q3	クライアントは具体的な問題で悩んでいるはず。カウンセラーが直接解決方法を教えれば、一番早く解決すると思うけれど……。
Q4	ただ話を聞いただけでは何かをしてやったという気にもならないし、相手も満足しないのでは。
Q5	クライアントが自分自身の考え方・行為を変えなければ、問題は解決しないのでは。弱いこころを何とかしなければまた問題を起こすのでは。
Q6	相手の言い分ばかり聞いていたら、かえってその悪循環に考え方を固定させてしまうのではないか。もっとポジティブなことを言ってやったほうがいいような気がするが……。
Q7	ゆっくり話を聞くというが、職場ではそんな余裕はないだろう。
Q8	話を聞き続けるなど自分にはできない。イライラして自分の身がもたない。
Q9	相手の話をすべて無批判に受け容れる（受容的態度）なんて自分にはできない、というか向かない。相手のことをすべて認めるなんて、結局その状態を「よし」とすることだから、改善の意欲がなくなって、逆に甘えたこころを助長することになりはしないか。
Q10	積極的傾聴か。だいたい自分は人間や他人の話にあまり興味をもてないのだが……。
Q11	自分には人生経験がないのでうまく支援できない。共感するといっても、素地がない。
Q12	自分のすべての感情に気づき、それを素直に表現する（自己一致）なんて、必要なのはわかるけれど自分にはとてもできない。そんな聖人君子ではない。
Q13	人に奉仕する精神が欠けている自分には、カウンセリングはできないのではないか。
Q14	ぐずぐずしている人は嫌いだと感じる、そんな自分にはカウンセリングは向いていないのでは……。聞いていると、こちらが落ち込むこともあるし……。自分自身が悩みをもっている、そんな人にカウンセリングする資格はあるのだろうか。そんな自分がカウンセリングすると、相手をもっと悪くしてしまいそう。

つぼみたちへ

もちろん、皆さんが勉強したことが実践でまったく役に立たないなどといっているのではありません。ただ、大学などで教えられていることは、実践という観点からは次の要素から弱点があるといえるでしょう。

①外国の理論が主体となっており、日本人にそのまま適用するのに無理があることも。

②外国の理論の重要な概念を翻訳した段階で、ニュアンスが伝わらなくなってしまっている。

③カウンセリングの理論や歴史、各種心理療法の紹介など、授業形式で伝えやすく、試験しやすい内容が主体となっている。

④心理学の諸理論は、雑学としても面白い。しかしカウンセリングの実践の中では、その理論を用いてクライアントを診断したり、ある方向に誘導したりしたくなる衝動に駆られる。

⑤カウンセラーを〝先生〟として認識している学生クライアント、児童クライアントが多い。

⑥統計の勉強など、実践家というより研究者のための勉強が主体。

本書では、実践のコツをお伝えしようと思います。しかも、初めてカウンセリングを勉強する人向けに、です。本書の内容は、あくまでのその目的で紹介されているということを忘れないでください。皆さんが大学や各種セミナーで勉強した内容は、皆さんがある程度成長し、活動が広がってくれば、有用な知識になります。いわば、プロ用の知識。しかし、実践においてはまだまだ初級者の人びとには、その知識が、かえってじゃまになることもあります。

それでつぼみの人たちには、できれば、これまで学校で習った知識はいったん忘れて、素直な気持ちで、本書を読んでほしいのです。

目からウロコのカウンセリング革命

メッセージコントロールという発想

目次

目次

レッスン1 第1原則「うなずいて」

3原則

カウンセリングを勉強したことがない人でも、〝これさえできれば、なんとか悩みの解決を支援できる〟という、簡単だけど、とても重要なツールを紹介しましょう。三つだけ覚えればいいので、私は「三つの魔法」とか「3原則」と呼んでいます。

私はこれからカウンセリングを勉強しようという人には、余計な説明はせず、まずこの3原則を紹介することにしています。

初心者に、一度にたくさんのことを指示してもうまくいきません。最大三つです。その一つでもできればいい。だから、3原則は重要な順番に並べてあります。

まずは、3原則の最初、つまり最も重要な原則「うなずいて」を練習してみましょう。

具体的方法

第1段階：首を振る

とにかく、話を聞きながらいつもより少し大きめにうなずく（首を縦に振る）ことを意識する。

第２段階：二種類のうなずきを入れる

小さな小刻みなうなずきと、大きな「飲み込むような」うなずき（あごを首につける気持ちで）の二種類を入れて、話を聞く。小さな間や相手の話の「、」部分では軽くうなずき、相手の話の文書の切れ目（「。」部分）や、長い間では、飲み込むように大きくうなずく。

第３段階：うなずきと相槌《づち》、視線の移動をリズム良く

うなずきに合わせて、声を出す（相槌）。二つのうなずきと相槌を、できるだけ相手の話のリズムに合わせるように意識する。

リズムがつかみにくい人は、相手の会話の中での区切り部分、たとえば文章にすると句読点が入る部分や息継ぎなどで間が開いた部分に合わせる。

小さな間や「、」部分では軽くうなずき、小さく「うん」もしくは「はい」「ええ」「はぁ」「ほぉ」などと発声する（相槌を打つ）。

相手の文書の切れ目（「。」部分）や、長い間では、飲み込むように大きくうなずく。このとき少し目を見開いて。「う〜ん」もしくは「は〜い」「え〜え」「あ〜」「は〜あ」のいずれか自分の好きな（自分にとって自然な）発声をする。

話を聞くとき、視線は基本的には相手の口のあたりを見るようにする。うなずくとき（「、」部分や「。」部分では）首の動作に合わせて、相手の目をちらっと見る。

うなずきや相槌には、大きく二つの効果があります。
リズムをつくる（コントロールする）という効果と、メッセージを与えるという効果です。

上手なうなずきでリズムをつくる

カウンセリングは会話を通じて行ないます。会話はよくキャッチボールにたとえられますが、私はむしろダンスや合唱のようなものだと感じています。

あなたがカラオケで歌っているときに、だれかが上手に手拍子を打ってくれたら、あなたは楽しくなるでしょう。合唱していて、だれかがきれいにハモってくれたら、とてもいい気分です。

民謡を歌う人はそれほど多くないかもしれませんが、民謡には合いの手というのがありますよね。「は〜、ソレソレ」などというやつで、これがあるとその歌の雰囲気がぐっと華やぎます。

もし、これらのリズムや音程が狂っていたとしたらどうでしょう。

リズムの合わない手拍子は、「歌いたい」という気持ちに一気に水を差します。調子の合わない合いの手は、聞くほうも歌うほうもうんざりするでしょう。

カウンセリングのうなずきや相槌も、これとまったく同じものだと思ってください。

上手なカウンセラーは、上手にうなずきや相槌を入れて、クライアントが自然に話しやすい状態（リズムやスピード）をつくってあげられるのです。それだけでどんどん話したくなります。

逆に、カウンセリングの下手な人は、三〇秒見ただけでわかります。うなずきが下手なのです。

男性の場合うなずき自体が少ない。すると少し怖い印象になってきます。女性の場合、うなずくことはうなずくのですが、リズムやテンポが単調になっている人が多い。それでは、一つひとつの話を真剣に聞いているという印象が表われません。

上手なうなずきでメッセージを伝える

ここで唐突に質問です。カウンセラーには情報を受け取る力（聞く力・察する力）と情報を伝える力の二つが必要になりますが、どれぐらいのバランスがよいのでしょうか。

私はカウンセリングの講義でよくこの質問をすることがあります。もし一〇の力があるとして、それをどの割合で二つの力に注ぐのかを答えてもらいます。

ほとんどの人が、受け取る力が八、伝える力が二ぐらいであろうと予測しますが、私はその逆（受け取る力が二、伝える力が八ぐらい）を正解として紹介します。

つまり私は、カウンセラーには圧倒的に「伝える力」が必要であると感じているのです。

皆さんはカウンセラーとは、相手の微妙な表情や表現から、相手が何を考えているのか言い当てる名人だと思っているかもしれません。あるいは相手が何を言っても動じないで、自分の不安などを顔色に出さないで聞ける人と考えているかもしれません。

もちろんそういう部分がないわけではない。しかしいちばん重要な能力は、カウンセラーが

「伝えたいメッセージ」をしっかり伝える力です。

カウンセラーは、クライアントに元気の出るメッセージを与える役割なのです。もし単純に情報を受け取ることだけがカウンセラーの役割ならば、私たちはＩＣレコーダーに勝つことはできません。ＩＣレコーダーは常に正確に、いつまでも飽きもせず、情報を受け取ることができます。しかしクライアントはＩＣレコーダーに話をしていても、なかなか悩みが解決していくものではないのです。


カウンセラーは意識しようとしまいと、その表情、言葉、姿勢、態度などでメッセージを出しています。クライアントを傷つけるようなメッセージを避け、クライアントのためになるメッセージを与えなければなりません。このメッセージを統制する能力・技術を「メッセージコントロール」と呼んでいます。

メッセージコントロールについては、レッスン7でさらにくわしくお伝えしますが、実はここで皆さんに勉強してもらっている〝うなずき〟も、ある重要なメッセージを含んでいます。それは「興味津々」と「納得」というメッセージなのです。

相手の話のリズムに合わせるように首を小刻みに降り、「ええ」「うん」などと発声する。このような聞き方をしていると、話し手には聞き手が大変興味をもってくれているというメッセージが伝わります。これが「興味津々」のメッセージです。さらに話の区切りで「う〜ん」などと少し長めの発声をしながら、いつもより深いうなずきをすると、それで「納得」というメッセージが伝わるのです。納得のメッセージの中身は「あなたの言っていることがしっかりイメージできましたよ」ということです。

もし、あなたがまったくうなずかなかったらどうでしょう。

「あなたのことにまったく関心はありません」「私はあなたの言うことをまったく信頼していません」というメッセージが伝わってしまいます。まったくうなずかない、という方法は、軍隊などの尋問で相手を苦しめるために使われるテクニックの一つにもなっています。

たとえば男性の場合、話を聞くとき真剣になればなるほど無表情になり、うなずきも少なくなります。それは、クライアントのほうからすると「私に対して何か怒っている」「何か不満に思っている」というように見えてしまいます。

このように、カウンセラーが意図しない悪いメッセージが伝わることを「裏メッセージ」が伝わると呼んでいます。うなずきは強力です。良いメッセージを伝えることもできれば、強烈な裏メッセージが伝わってしまうこともあるのです。

うなずきを上手にするだけで、雰囲気が変わり、クライアントの頭が活性化してきます。3原則は重要な順に紹介していますが、このうなずきが最初の原則であるということを忘れないでください。

初めての人は、とにかくいつもより大きく〝うなずく〟ことだけを意識すればいいでしょう。

すでにそれができる人は、ここで紹介したようなことを意識しながら、うなずいてください。

⚜つぼみたちへ　話の途中でのうなずき

相手が話している途中（文章の途中）に相手の声に合わせるようにうなずきを入れる場合もあります。

まだ全部話していないのに、すでにカウンセラーはクライアントの言いたいことをわかっているという場合に、このようなタイミングでのうなずきになります。本当にわかっている場合は、クライアントも「わかってくれている」という感覚を強くもつでしょう。

ところが、日本語の場合、最後まで話を聞かないと相手の本意を理解しにくい。うなずきにはカウンセラーのメッセージがこもってしまうので、このタイミングでうなずいて、あまりにも違うメッセージを返してしまうと、逆に相手の話の腰を折ってしまう。早合点はマイナスなのです。

なので、初心者のうちは句読点でうなずくことを意識して、話の途中ではリアクションをしないほうがよいでしょう。中級者になっても、自分の思考が確実に相手の話の内容やリズムに沿っているという自信がある場合や、お互いの信頼関係がある程度確立されてからにしたほうがよいのです。

このように単純な技術にも、上手下手があります。また、もともと簡単にできる人もいれば、首を動かすことに大きな抵抗のある人もいます。

さらにうまくなりたい人は、次に紹介するトレーニングをするといいでしょう。

カウンセリングのプロを目指す人は、「うなずいて」がくせになってしまわなければなりません。いちいち自分の行動にチェックを入れながらでは、人の話に集中できないからです。十分練習して確実に自分のものにしてください。

トレーニング方法

①鏡のトレーニング

鏡の前で、自分のうなずきを確認してみる。

ほとんどの場合、自分が思う以上に首が振れていないので、遠くの相手から見ても十分にうなずいていることがわかるように、大きなうなずきを練習する（五〇メートル離れていても、うなずいていることが明確にわからなければならない）。

次に小さなうなずきと飲み込むようなうなずきを練習してみる。自分の顔を見ながらどのようなメッセージを感じるかをチェックしてみる。できればビデオカメラで撮ってみると、より第三者的な印象をつかむことができる。男性の場合は、自分ではにこやかなうなずきだと思っていても、「怖い印象」を与えてしまうなずきになっていることが多い。

②桃太郎トレーニング1

一二～一三頁**表2**の桃太郎のお話（「語り」の部分）を黙読し、その句読点でうなずく練習をする（小さいうなずきと大きいうなずき）。うなずきを入れるタイミングを練習する。

③桃太郎トレーニング2

同じく桃太郎の話を黙読し、その内容の重要度（驚いたり、感心したりする部分）にしたがって、二つのうなずきにさらに大小・スピードなどの変化をつける。

④テレビでのトレーニング

テレビのワイドショーレポートや通信販売の商品説明、ニュースなどを利用して、うなずきのタイミングと視線の練習をする。できれば自分の姿（上半身）をビデオ撮影し、自分のうなずきのリズムやメッセージを確認する。

⑤ロールプレイ

実際に友人や家族と話をするときに、うなずきと視線の練習をしてみる。

このようなトレーニングをしていると、俳優と同じじゃないかと感じる人もいるでしょう。そう考えていただいてもけっこうです。先に説明したとおり、カウンセラーはメッセージを与える役割なのです。同じく役者もメッセージを伝える職業。技術的には大変似てくるのも当然のことといえます。

芸能人はコミュニケーションの達人です。明石家さんまなどは、相手の話に非常に上手に（リズムよく）反応してくれる。だから相手も話しやすいのです。ショップチャンネルのレポーターなども、大げさすぎる表現のように見えますが、よく観察していると、相方の話に大きくうなずいていることに気がつきます。一見こっけいにも見えますが、結果的にそのほうが多くの視聴者の関心をひきつけるのです。

私は「大根役者のように振る舞え」といっています。

大根役者の演技は、ちょっと大げさです。しかしメッセージは明確です。一方名優と呼ばれる人の演技は、抑えた表現をします。そのほうが自然に見えますし、表現があいまいな分、観客は自分のことと重ね合わせて感情移入できるのです。

ところがカウンセリングでは（とくにその最初の部分では）、名優より大根役者の演技のほうが、有効なのです。だからカウンセラーもはじめは、少々大げさな「大根役者的演技」から技術を磨いてください。

第1原則（「うなずいて」）ではメッセージコントロールの重要性に触れました。読者の中に

（表２のつづき）

語　り	相槌のメッセージ
C ・しばらく行くと、サルと会いました。「おいしそうなきびだんごを持っていますね。一つ私に下さいな。」	え、次はサル？　サルは、だますからな…（ちょっと心配）
・桃太郎が、「鬼退治についてくるならあげましょう」と答えると、サルは、喜んで桃太郎についていくと答えました。	サルも味方になるのね（理解）
・しばらく行くと、キジと会いました。「おいしそうなきびだんごを持っていますね。一つ私に下さいな。」	キジは飛べる。期待できるよね
・桃太郎が、「鬼退治についてくるならあげましょう」と答えると、キジは、喜んで桃太郎についていくと答えました。	やった、またゲット。頼もしいぞ
・桃太郎と、犬とサルとキジは、長い道のりを歩いて、とうとう鬼が島にたどり着きました。鬼が島からは、とても怖い声が聞こえ、恐ろしい空気が流れてきます。	大変そう 怖そうだねぇ
・桃太郎たちが、鬼が島に乗り込むと、その中でもとくに大きな鬼が「食べてやるぞ」と言いながら、襲い掛かってきました。	怖い、助けてー
D ・桃太郎が鬼と戦っていると、犬が猛スピードで駆け寄って、ワンワンと鬼の足に噛みつきます。サルは、すばやくジャンプして鬼の顔にしがみついて、キキーと顔を引っかきます。キジはビューンと空を飛び、鬼の目を突っつきます。	す、すごい、空中戦だ！ どうなるの。わくわく
・とうとう鬼も、泣きだしてしまいました。「降参だ。村から取ったお宝は返すから、許してくれ。」	やった。よかった。ほっとした
・こころ優しい桃太郎は、鬼を許すことにしました。	桃太郎は優しいのね（感心）
・村へ帰った桃太郎は、お宝を村の人びとに返して、そのあとは、おじいさんとおばあさんと３人で、幸せに暮らしましたとさ。	桃太郎、立派。おじいさんおばあさん、よかったね。 ドキドキしたけど、やっと安心した。よかった

表２ 桃太郎トレーニング

３歳の子どもが、覚えたての「桃太郎」を話そうとしている。子どもがもっと話すように、それを聞いている親の気持ちで、表情をつくろう。

語 り	相槌（へぇ、ほぉ、まぁ、ふーん、うんうん）のメッセージ
A •昔むかしあるところに、おじいさんとおばあさんがいました。	注意しているよ
•おじいさんは、山へ芝刈りに、おばあさんは、川へ洗濯に行きました。	わかったよ。イメージしたよ
•おばあさんが、洗濯をしていると、上流の方から、大きな桃が、ドンブラコ、ドンブラコと流れてくるではありませんか。	え、桃？（ビックリ） それからどうなるの？
•おばあさんは、それを捕まえ、おうちに持って帰りました。	興味津々
•おじいさんが帰ってきてから、その大きな桃を包丁で切ったところ、	わくわく、次を教えて…
•なんと、中から、玉のような男の子が飛び出してきたのです。	マ、マジ！（驚き）
•おじいさんはとおばあさんは、桃から生まれてきたので、「桃太郎」という名前をつけて、大切に育てました。	ふんふん（これからどうなる）
•やがて桃太郎が立派な青年になったとき、桃太郎は、おじいさんとおばあさんに、こう言いました。	どう言ったの？
B •「これから鬼が島へ、鬼退治に行ってきます。」	エー、鬼退治
•おじいさんとおばあさんは、大変心配しましたが、きびだんごを作って、送り出してあげました。	そりゃ、心配でしょう。親の心配がわかる
•桃太郎が、鬼が島へ向かっていると、犬がこう言います。「おいしそうなきびだんごを持っていますね。一つ私に下さいな。」	きび団子欲しかったのね。わかる、わかる。桃太郎どうするのかな。
•桃太郎が、「鬼退治についてくるならあげましょう」と答えると、犬は、喜んで桃太郎についていくと答えました。	桃太郎、頭いい（感激）

は、「ということは相手の話を聞いているふりをすればいいのだ」と早合点する人もいるかもしれません。もしそうなら、カウンセリングはもっと楽になるでしょう。しかし現実はそれほど甘くはありません。第二原則「要約・質問」の練習が、それを痛烈に教えてくれます。

つぼみたちへ　うなずきのトレーニング

一般的なカウンセリングのトレーニングでも、うなずくことはとても重要だと伝えられています。ところが具体的なトレーニングはあまり行なわれてはいないようです。その結果、自分では十分うなずいているように思っていても、ほとんど首が振れていない人や、興味津々のつもりでうなずいていても、相手には「何か、疑問に思っているのか……」とか「怒っているのではないか……」などのように、意図しないメッセージが伝わっている場合が多いのです。メッセージコントロールはカウンセリングの命といってもいいでしょう。カウンセラーのトレーニングの中で最も重視すべき部分なのですが、ここで紹介したような鏡やビデオを使っての、徹底的なトレーニングはあまり行なわれていないようです。

以前は、カウンセリングでのクライアントとのやりとりをテープで録音し、それをあとですべて文章にするという「テープ起こし」という訓練がなされていたこともあります。しかしこれでは、言葉のやりとりだけに意識が集中してしまいます。

メラビアンの法則というのがあります。彼の実験によると、コミュニケーション情報のうち、文章で伝えられるのは七％。音声情報が加わってさらに三八％。残りの五五％は視覚情報や雰囲気から伝わるといいます。テープ起こしでは主に七％（これに少しは音声情報も含まれるでしょう）をトレーニングしているだけにすぎません。本書で紹介しているメッセージコントロールトレーニングは、言葉の表面的なやりとりというよりも、カウンセラーがどのようなメッセージをどのような手段で正確に伝えられるか、ということを重視してトレーニングするのです。

レッスン1のまとめ

うなずきを上手にすることで、クライアントとカウンセラーの会話にリズム感が生まれます。
それは単にスピードが速くなるというものではありません。クライアントが話をしていて、せかされず、かといって間があきすぎもせず、緊張しないで会話ができているというリズムです。
また、大きなうなずきを入れることによって、
「あなたの話に関心があるよ（無視していないよ）」〈興味津々メッセージ〉
「あなたの話をしっかりイメージしながら聞いているよ」〈納得メッセージ〉
というメッセージが伝わります。

レッスン2 第2原則「要約・質問」

質問は、相手の話に関心があるということ（メッセージ）を示します。もしまったく関心がなければ、質問もありません。また、相手の思考に刺激を与えて、相手の頭をフル回転させるはたらきもあります。

ですから基本的に質問は、カウンセリングにおいて非常に重要な技術になります。

しかし、初心者が質問をしようとすると、クライアントの問題の構造を早く知りたいという思いから、機関銃のように質問責めにしてしまうことが多いのです（尋問調）。

また、悩みを抱える人は少々対人恐怖的になっていますので、質問の意図を誤解し、責められているような気分になってしまうことがあります。そうなると、逆にクライアントは話さなくなり、頭もはたらきません。

このように、質問はとても効果がある一方で、副作用（悪い効果）も強いのです。

また質問と同じように、相手の話を要約することも、あなたの強い関心を表現します。

もし、あなたがだれかにメールを送ったとして、しばらくして相手から見当はずれの返事が返ってきたとします。そのときあなたは、まず「本当に私のメールを読んだの？」と聞きたくなるはずです。

会話でも同じです。相手の伝えた内容を要約することは、相手に「自分はしっかり聞いていたよ」というメッセージを伝える重要な技術（メッセージコントロール）なのです。

さらに相談者は、自分が話した内容をもう一度まとまった形で聞くことにより、客観的に自分の発言を振り返ることができます。するといろんなひらめきが生まれてくるのです。私は、カウンセリングが普通のおしゃべりと最も違うところは、この要約部分であるとさえ考えています。

ところが、初心者にとってこの要約というのが難しい。どこで要約していいのか、どれぐらいの頻度で要約を入れていいのか、どんな要約をすればいいのかがわからないからです。

そこで私は質問と要約を組み合わせることによって、初心者でもこれらの問題点を克服できるように工夫をしてみたのです。

具体的方法

第１段階：質問したくなったら質問の前に、どんな形でもいいので要約を入れる

あなたが発言（質問やコメント、アドバイス）するときは、その前に必ず、相手の話の一部を繰り返して（要約して）から、発言しましょう。

たとえば、「それは、いつから？」と聞きたくなったとします。いきなり質問するのではなく、「お父さんが、お母さんと喧嘩して家を出て行ったままなのね。それはいつから？」というように、相手が直前もしくは、これまで話したことをまとめてから、質問するのです。

第2段階：相手の話のリズムを崩さない程度の要約・質問を入れる（小要約＋うながし質問。「じゅうぶん聞いたら要約・質問」）

相手の話をしばらくは「うなずいて」ただ聞く。

ある程度聞いたら（じゅうぶん聞く。文章にして、一〇文を目安。もしくは飲み込むようなうなずき一〇回と考えてもいい）、相手の話の最後の数文をまとめて要約する。

要約が終わればしばらく待つ。このとき相手が話し始めれば第1原則（うなずいて）に戻って、また一〇文聞く。

相手が話し始めなければ（ようやく）、こちらから質問してみる。

質問する内容が思い浮かばない場合、「それからどうなったの？」と次をうながす質問をする。

第3段階：質問しようという意識ではなく、要約しようという意識をもつ。タイミングをはかって中要約を入れる

質問をしてやろうという下心をもって話を聞かない。いつも要約するつもりで話に集中する。

一〇文章ぐらい進み、さらに話の一区切りを感じたら、これまでの要素をコンパクトにまとめる（中要約）。

要約の後、間があいたら、要約をしてみて情報が足りないなと感じた部分を質問してみる。疑問がわかなければ「それで、どうなったの？」と次をうながす質問をすればいい。

相手の話が質問の回答になっていなくても、あまりこだわらない。

話を聞いているうちに、自然と疑問や質問がわいてしまった場合は、直接質問する前に、まず要約し（小さい要約でもいい）、そのあと、質問をする。

第1段階では、カウンセラーの質問が尋問調になることを防ぐために、質問したくなったら、相手の発言を何らかの形で繰り返して（要約）、それから質問するということを練習します。これを意識することで、少なくとも質問が連続されるリズムを避けることができます。

第2段階は、もっと積極的に要約のもつ良いメッセージ（私は十分注意してあなたの話を聞いています。私はあなたの話に関心があります）を伝えるための技術です。

要約にはさまざまな種類がありますが、あとで説明する小要約を、相手の話が一〇の文章ぐらいの量になったときに入れるという方法です。どんな要約をクライアントの話のどこに入れるかという一つの目安になります。

第3段階は、意識に関するトレーニングです。

われわれはどうしても質問のほうに関心が向きます。それを、「要約すること」のほうに向けて、質問は、あとで考えるというくせをつけるためのものです。

「要約・質問」は、ワンセットで覚えていただきたい技術ですが、それぞれに、ポイントがあるので別々に解説します。

「要約」を磨く

要約には、いくつかの種類があります。

繰り返し（おうむ返し）

最も小さいレベルの要約は、直前の相手の言葉をそのまま繰り返すことです。一般的なカウンセリング教育ではこれを、繰り返しと呼んでいます。「おうむ返し」と表現されることもあります。

たとえば、

「きのう、おばあちゃんがプレゼント買ってくれるっていうから、一緒に渋谷に行ったんだけど、おばあちゃんキョロキョロするばかりで、ちっとも進まなくて大変だった」

という会話で、「大変だったんだ」と返す方法です。

この繰り返しは、うなずきのところで練習した発生（「あ〜」「え〜」などの「相槌」）の変形だと思ってください。相槌と同じく、上手な人がこれをやるとリズム感が出てきます。相手と同じ言葉を使うので、親近感もわくでしょう（「ウザいんです」→「ウザいんだ」）。

ところが、どの言葉をカウンセラーが繰り返すかによって、カウンセラー自身の微妙なメッセージが含まれてしまうことがあります。

たとえば、先ほどのクライアントの発言に対し

「きのう！」

「おばあちゃんと！」

「渋谷に行ったんだ」

「おばあちゃん、キョロキョロしてたんだ」

などとさまざまに、繰り返すことができます。

これは漫才のつっこみと同じで、クライアントのほうとしてみれば、「そこに注目されるの？（そこにつっこむ？）」という感覚をもつことがあるのです。そのような場合は、リズムが崩れますし、たとえば「昨日」とつっこまれたら「あれ、きのう何かを約束でもしてたっけ？」と受け取られたり、「渋谷に行ったんだ」と返されたら、「渋谷はまずかったの？」と勘ぐられたりします。つまり裏メッセージを取られやすいのです。さらに、繰り返した言葉にカウンセラーは関心があるということを暗黙に示してしまうので、話題の方向性をコントロールしてしまっているという側面もあります。

繰り返しは上手になれば、リズム感を出すための大変よい技術ですが、初心者の場合は、むしろマイナス面が大きくなることが多いので、私は初心者にはあまりお勧めしていません。

小要約

二〇頁の具体的方法の第2段階で示しているのがこの要約の方法です。

相手の話した最後の部分の文章数文の要素を要約します。

たとえば、

「私のところの上司は、おそらく自分の学歴をひけらかしたいのだと思うんです。新聞などで大学の話があると、すぐみんなに話題を振ります。自分が有名大学出身だということをアピールするんです」

という会話では、「上司はいつも自分の出身大学のことを話したがるわけですね」と返すわけです。

この要約のコツは、あくまでもリズム感重視で、あまり長く要約しないということです。要約する、つまりカウンセラーが話すと、どうしてもクライアントの話のリズムを崩すという欠点が出てくるのです。

この小要約は、短く要約することで、リズムの崩れを最小限にとどめていますが、あまりにも頻繁に入れると、やはりリズムが狂ってしまいます。

そこで私の教室では、大体一〇の文章、つまり、納得のうなずきを一〇回ぐらいしたら、もうそろそろ要約してもよい量になっていると教えています。

一〇の文章を数えるといっても、実際の会話では、しっかり文章として話されることは多くありません。やや長い話は、句読点や息継ぎが入ったら、一文と数えてください。

また、文章の数を正確に数える必要もありません。そんなことをしているとそれが気になって、逆に相手の話の内容に集中できません。だいたいの感覚で結構なのです。その感覚は、あとで紹介するトレーニングで身につけてください。

この要約を入れることで、「しっかり聞いてくれてるなぁ」という印象が強くなります。この要約は、文章の要素をあまり取捨選択していないので、繰り返しと比べて、裏メッセージに取られる可能性が少なくなります。私は初心者にはこの小さい要約をたくさん練習してほしいと思うのです。この要約をしていれば、クライアントは自然に次の言葉が出てくるのです。

右の例でいうと、要約したあとは「そうなんです。僕もはじめのうちは、付き合っていたんですけれど、もうあまりにも頻繁なのでうんざりで」と会話が続いていきました。

ですからこの小要約をしたなら、第2原則のタイトルこそ「要約・質問」とありますが、必ずしも質問を続ける必要ありません。むしろ要約の後、少し間をあけるほうがよいでしょう。

少しの間をとると、そのままクライアントが話を続けることが多いのです。私のカウンセリング現場でも、二時間の間、うなずきとこの要約だけで終わるということが珍しくありません。

しばらく待っても（一～二秒）クライアントが話をしないときには質問をしてください。

中要約1

小説などでいうなら一場面、一通りのまとまった筋が終わったと感じたら、タイミングを見てこれまでの話の重要なポイント（登場人物、場所、方法などの5W1Hや感情など）を要約してみます。

このような要約をすると、クライアントの話した順番と要約の順番が違ったり、クライアントの使った言葉と要約した言葉のニュアンスが違ったりするのが普通です。この自然に生じる「ブレ」が、クライアントの中でひらめき（スパーク）のヒントとなることがあります。

また、「話をする」ことから「聞く」行動への頭の中のモードの転換も、スパークの可能性を高めます。そこでクライアントが単調に話しっぱなしという状態をつくらないように、ある程度のところで、この要約を入れてクライアントの頭のモードを変化させるのです。

この要約は、繰り返しと同じく、カウンセラーの価値観（メッセージ）が表われてしまいます。カウンセラーの力量が問われる技術です。この要約で正しいメッセージを出せるように（裏メッセージを出さないように）、十分練習してください。

「素朴な質問――はじめにかえて」で紹介した私の失敗事例を思い出してください。

私のだらしなさに怒っている妻に対して、私は「僕が片づけないから君は怒っているんだね」と返しました。これは、小要約とも繰り返しともとれる言葉ですが、妻はこの言葉から「僕には関係ありません。他人のことです」というメッセージ（裏メッセージ）を感じたのです。だから、妻は怒ったのです。

このような失敗を避けるため、カウンセラーが言葉によるメッセージを出すときには、できるだけ誤解のないメッセージを出すようにしたいのです。そのためには単発の言葉ではなく、ある程度長く話さなければならない。それがこの中要約1なのです。

この要約の説明をすると、「私は頭が悪いから、人の話をちゃんと要約できません。国語の試験の点数も悪かったし……」という人がいます。しかしここでは一〇〇%正しく要約する必要はないのです。まったく的はずれでは、「聞いていたの?」ということになりますが、人間ですから、クライアントの言ったことを誤解する、あるいは漏らすことがあってもいいのです。ブレはスパークに通じます。だから一〇〇点満点の要約をしようと自分にプレッシャーをかける必要はありません。八〇点ほどでいいのです。二〇点は、間違えていい。

むしろそうした間違いは、クライアントの「うーん、そうじゃなくて、渋谷に行こうって言い出したのはおばあちゃんのほうなの」という追加の説明を促します。その説明でクライアントの言いたいことがきちんと確認できたら、お互いの「わかり合った」感は、より強く感じられます。それがクライアントの安心感を深め、より「スパークしやすい状態」(九二頁「安心ゾーン」)を深めていくのです。

この要約では、相手の話を通訳する気持ちで聞きます。すると、おのずと真剣に聞くようになります。そしてそれは相手に「この人は真剣に私の相談に乗ってくれている」という強いメッセージを与えるのです。

ですから、要約までの長さはとても重要なポイントになります。目安は一〇文です。記憶力のいい人は、もっと聞いてから要約してもいいでしょう。記憶力に自信がない人は、相手の話をさえぎってでも「ちょっと待って、整理したいから……」と要約を入れたほうがいいのです。リズムは崩れるでしょうが、そのほうが相手に「真剣に聞いてくれている」というメッセージが伝わり、結果として相手の頭がはたらきはじめる環境になれるのです。リズムは、話し手と聞き手の相互でつくりあげていくものです。あなたが相手を止めて要約したら、次からは相手もそのリズムで話を進めてくれるようになります。

この要約の場合、ある程度の時間クライアントの話（リズム）を止めてしまいますので、再度クライアントに話をしてもらうために、きっかけを与えてあげることが多くなります。要約の最中や要約直後にクライアントが話し始める場合はそのまま話を聞けばいいのですが、要約が終わって数秒の間があいたらこちらから質問をしていきます。

どんな質問をするかは、質問の項目で説明します。

中要約2

別名「通訳型要約」といいます。

中要約1は、「通訳するつもり（要素を抜かさないような意識で）」で要約しましたが、この要約では、本当に相手の話した情報をできるだけ損なわないように繰り返します。人によって要約できる長さは異なりますが、私の教室ではだいたい五つの文章程度で、この要約に入るように練習しています。つまり、しっかり聞いていて、なおかつ覚えていられる量です。

この要約をしようとすると、カウンセラーのほうも本当に真剣に一言ひとことに注目して、話を聞くようになります。当然相手にも「本当にしっかり私は理解しようとしている」というメッセージを強く与えます。しかしそれは「異常な関心」「あげ足を取ろうとしている」という裏メッセージにも受け取られるので、うなずきなどによる「私はあなたを攻撃するものではない」というメッセージコントロールを十分行なわなければなりません。

いつもこのような要約をしていると、リズムが崩れます。交通事故などの場面の描写やとくに重要な言葉のやりとりとか、クライアントの気持ちに関する表現が続く場合などに使います。

大要約

話がある程度進んで、さまざまな要素が出てきた場合、それをクライアントの頭の中で整理させる必要があります。何も絶対的に物語の区切りである必要ありません。とにかく要素が多くなりすぎたら、二人（クライアントとカウンセラー）の認識を整理するという意味で、これまで話してきた重要な要素をまとめるのです。

それまで相手が話してくれたことを「これまで話したことを確認させて。あなたは……、そして……。そのとき○○と感じて……ということなのね。これで正しいかな?」とまとめて振り返るのです。

すべてをテーブルに広げて見えるようにするという意味で「テーブル広げ」と呼んでいます。そのような形で提示することによって、クライアントに新しいスパークが生じるきっかけになることが多いのです。

また、当然理解が違っていた場合は、修正してわかり合うチャンスにもなります。さらに少し落ち着いて人の話を聞き、冷静に整理したことで、クライアントの頭が刺激され、次の話が発展していくこともあります。

このテーブル広げについては、レッスン5でくわしく解説します。

✤つぼみたちへ　カウンセラーも話してよい

そのように、こまめに要約を入れていくと、カウンセラーも案外発言することに驚くでしょう。これまでのカウンセリング教育を受けてきた人の中には、カウンセラーが言葉を発することは、何か悪いことをするような印象をもっている人が多いのですが、実際は、かなり話をするのです。ただし、話す内容はあくまでもクライアントの提示した内容、つまり要約なのです。

「質問」を磨く

一般的なカウンセリング場面でカウンセラーの行なう（行ないがちな）質問は、通常その背景に潜む目的から、次の五つに区分されます。

一つめは、クライアントが抱える問題の解決策を、カウンセラーが考えるために必要な情報を収集しようとする目的です。

例：「借金があるんです」

「いつどこで借りたのか、ローン会社ごとにその金利と残りの支払い回数を教えて」

二つめは、カウンセラーが自分の関心ごとを満足させるために行なう質問です。調査や尋問のパターンに入ります。

例：「妻は、僕のことを嫌いなんです」

「それで、夜のほうはどうなの？」

三つめは、相手の気づきをうながそうとする、教育的目的です。発想のヒントを与えるものです。学校の先生が生徒に行なう質問やコーチング、認知療法などで使われる質問がこれに当たります。

例：「みんなが僕のことを能なしだって思っているんです」

「みんなって、だれ？　具体的に教えて」

四つめは、相手を非難する目的です。質問の形をした叱責、軽蔑、非難です。

例：「実は、結局きのうも娘を殴ってしまいました」

「え、約束したじゃない。どうしてあなたはいつもそうなの？」

五つめは、質問する者の人やテーマそのものに関する純粋な関心（人本来のもつ興味、「知りたい」という欲求）にもとづくものです。

例：「きのう妻と喧嘩しちゃってさ」

「え、どんなことがあったの？」


これらの質問者側の意図は、メッセージとしてクライアントにすぐ伝わってしまいます。しかも、不安の強いクライアントは、質問者にそういう意図がなくても、悪いメッセージを受け取りがちなのです（裏メッセージ）。

たとえば、純粋な物事に対する興味（情報不足による疑問）から「そのとき君はどこにいたの？」と聞いたとしましょう。何となく怒られるかもしれないと不安に思いながら話しているクライアントは、これを「おまえはどうしてそこにいなかったんだ」というメッセージにとらえてしまい、それ以降、警戒を強め、話をしなくなります。当然こころが軽くなるような発想が浮かぶモードにはなりえません。

このように、質問はけっこう難しい技術です。そのため、「質問はできるだけしないで、相手が話に詰まっても、ただ沈黙していればいいんだ」で通しているカウンセリング教室もあるくらいです。

しかし、それではいつまでたってもいい質問ができません。しかも、黙っていることは、相手にかなりのプレッシャーをかけてしまいます。それではクライアントも疲れてしまいます。

そこでここでは、相手の思考を刺激し、カウンセラーの熱心なかかわりを示す一方で、相手を責めないような上手な質問ができるように、そのコツを考えてみましょう。

質問には次のような種類があります。

うながし質問

「それから？」「その後どうなったの？」などのように、クライアントの話の続きに興味を示す質問です。カウンセラーの強い関心を表わしながら、クライアントが自由に話せる質問なので、クライアントが話に詰まらないかぎり、この質問を多用するとよいでしょう。

開かれた質問・閉じた質問

質問の技術に、「閉じた質問」と「開かれた質問」があることは一般的に説明されています。

閉じた質問とはイエスかノーかで答えられる質問です。答えやすいのですが、クライアントは自由に発言することができず、これを続けていると、ややもすると尋問のような調子になってしまいます。

一方「学校は?」とか「それでどういうふうな感じになったの?」などと、あいまいな表現の質問をすると、相手が自分の話したい方向で答えることができます。これを開かれた質問といいます。たとえば「お父さんはこの問題を知っているの?」(閉じた質問)と聞かれれば、イエスかノーかの答えになりますが、「お父さんはどう?」と聞かれれば、「お父さんはまったく無関心なんです。いつもそうなんです。それが妹が一番嫌がる理由なんです」などと、クライアントの関心の方向に話題が広がっていきます。

私もカウンセリングのスクールで、カウンセラーは開かれた質問をするものだ、と教わりました。ところが実際、たとえばもじもじしている相手に「それで最近仕事のほうは?」と開かれた質問をすると、カウンセラーにバカだと思われたくないと緊張しているクライアントは、一生懸命その質問の真意を量ろうとします。それはクライアントに大変なプレッシャーをかけてしまうことになります。日本人は、自己主張が得意な欧米人とは違うのです。

そこで、むしろカウンセリングの始めのほうでは、相手が答えやすい閉じた質問によってリズムをつくり、相手の緊張を解くことを考えたほうがいいでしょう。また、カウンセリングの中盤でも、クライアントが緊張したら、閉じた質問で、答えやすい雰囲気に戻してあげます。しかし、閉じた質問が連続すると尋問調になってしまいますから、その前に小さくても要約を入れるという原則は守ってください。

縦掘り質問

縦掘りとは、クライアントが提示したある事象を、具体的にていねいに聞いていくことです。具体的には5W1Hを一つずつ確認する作業といってもいいでしょう。

それはクライアントに事実を再確認してもらう作業でもあります。

人の悩みは、ある程度「思い込み」でできているところがあります。事実を丹念に振り返ると、その思い込みに自分で気がつくことができて、楽な考え方にたどり着く可能性が高いのです。

たとえば、

「きのう、また妻と喧嘩して大変だったよ。あいつ、いつも自分の都合のいいようにしか考えないんだ」

「きのう喧嘩したんだ。どうしてまた、そんなことになったんだ?」

「俺が仕事から帰ってきたらさぁ、あいつ『お疲れ様』も言わずに、『あなたの夕食はないわよ』と言うんだ。別に俺はそれでもよかったんだが、女房のやつがいつまでもうじうじうじうじ言うから、頭に来ちゃって『もういい、うるさい』なんて少し声を荒らげたんだよ。そしたらもう泣き出して、自分の部屋にとじこもってさ、それ以来ずっと口きいてない」

「というと、おまえが夕食はないのかって言っただけで、奥さんがうじうじ言い出して、それでお前も頭にきちゃったってわけだな。でも、どうしてそれだけでそんなに奥さんもうじうじじ言ったの？」

「いつものことなんだよ。仕事で帰りが遅いだろう。ときには夕食を外で済ますこともあるじゃん。すると女房はせっかく作った夕食が台なしになるって怒るわけ。だからはじめのうちは外食をするときは必ず電話をするって決めたんだけど、結局仕事が終わって一杯やるっていうときはもう九時過ぎてるだろう。女房ももう夕食を作っちゃてるわけさ。だから、最近は食べるときだけメールをするって約束になってたんだ」

「へぇ、最初は外食するときに電話だったのが、今は逆にうちで食べるときにメールをするっていう約束になってたんだな」

「そうそう、だけどさぁ、ときにはメールしそびれるっていうか、なんとなく仕事が早く終わってそのままうちに帰ってしまうことだってあるわけよ。昨日も、結局九時ごろには家に着いたわけ。俺としてはもしかしたら、夕食あるかなぁ、なければインスタントラーメンでもいいなぁなんて軽い気持ちで言ったんだけどね」

「そうかぁ、軽い気持ちで言ったんだけど、結局奥さんが怒りだした」

「そうなんだよ」

「でもどうして奥さんをそんなに怒るわけ？」

「ん～、俺に責められているような気がする……からかなぁ」

「ふ～ん、そうかぁ」

「でもまぁ考えてみれば、約束を破ったのは俺のほうだもんなぁ。あいつが怒るのも無理はないか……。でもさぁ、俺はあっさり言ってたのに、あんなにしつこく言うこともないと思うんだけどな」

「そんなにしつこく言うんだ。どんな感じで？」

「一つひとつ覚えてないけど、メールするって約束したとか、急に言われても何もないとか、働いてるのはあなただけじゃない、私だって疲れてるんだとか」

「奥さん、おまえが帰ったとき何をしていたの？」


このように、クライアント自身が次の話題に移らないかぎり、その話題をくわしく聞いていきます。この例でもクライアントは最初のうちは感情に飲み込まれていますが、カウンセラーの要約と縦掘りの質問によって、事実を冷静に思い出していきます。すると、自分の怒りが少々自分だけの思い込みであることに気づきます。スパークです。怒りをもっていると相手を攻撃しなければなりません。つまりエネルギーを消耗するのです。ところが、怒る必要がなければエネルギー消費が抑えられ、こころがずっと軽くなるのです（これを「悩みのダウンサイジング」といいます。レッスン４参照）。

このように、縦掘りの質問においては、とくに事実とその時の自分の感情に焦点を当てて質問します。

私たちプロのカウンセラーがカウンセリングするときは、おそらくこの縦掘りの時間が大半を占めることになります（医師や病院のカウンセラーの診断面接では、カウンセラーが聞きたいことを情報収集するので、この限りではありません）。

この縦掘りの質問は下手をすると、尋問調になりかねません。それを避けるためには、必ず質問の前に小さくてもよいので要約を入れることです。そうすることで、相手にも回答する時間の余裕が生まれ、責められている感じが少なくなります。

この縦掘り質問は、中級のカウンセリングレベルでは、大変重要な技術になります。十分練習してください。

横掘り質問

一方、話題を変えて違う方向から思考を進めようとするときは、横掘りという質問をします。縦掘りで話が堂々めぐりをし始めたとき、関連する近くのテーマに話題を振ってみるのです。

さきほどの例を続けてみましょう。

「俺が帰ってきたときは、テレビを見ながら洗濯物をたたんでいたんじゃないかなぁ」

「奥さんは、テレビを見ながら洗濯物をたたんでいたんだな。ところで奥さんは家では忙しいの？　働いてるの？」（横掘り質問）

「先月から、近くの倉庫で働き始めたんだ。下の息子がようやく手がかからなくなったからね。家のローンもあるし」

「へぇ、先月から働き始めたんだ」

「まぁ、新しい職場で慣れるのにけっこう気を遣っているみたいで、そこで怒りっぽいところもあるんだよなぁ」

「なるほど、新しい職場で疲れて怒りっぽくなっちゃってるんだ。じゃ、仕事を辞めてもらったら？」（アドバイス・どう？→四八頁参照）

「そういうわけにはいかないんだよ。そこは二人で結構話し合って決めたことだからなぁ」

「結構話し合って決めたんだ。どんなことを話し合ったの？」

「……俺が、家事を手伝うこととか、夕食にもあんまり文句も言わないこととか……。そういえば、そのこともきのう言ってたっけ。んー、女房が怒るのも無理がないってことか。今日は花でも買って帰って、仲直りをするかなぁ（笑い）」

この横掘り質問は、あまり多用すると、クライアントは振り回された感じがします。一回横掘り質問をしたら、しばらくはそのテーマで縦掘りを続けるべきです。

質問についての意識改革

①何のための質問かを十分理解する

カウンセリングの質問は、まずは「相手に話をさせるきっかけ」だと理解してください。クライアントに安心して話しをさせることにより、クライアントの頭を「楽な発想が生じやすい状態」にするのがカウンセリングです。

つまり、質問は「カウンセラーが問題を解くためにするものではない」「クライアントに何かを教育するためにあるのではない」ということを（今の段階では）十分に意識してほしいのです。

逆にそのような意図が少しでもあると、クライアントは敏感にそれを察知し、殻にこもり始めます。

②質問を連発しない

右の二つのような意図がある場合、カウンセラーの意識は「問題」に集中してしまいます。するとその問題に関する情報を収集するために、矢継ぎ早の質問になってしまいます。尋問調です。するとクライアントは、怒られている、非難されているような気分になって、これまた逆に話さなくなるのです。

この悪い連鎖を避けるには、質問の前に小さくてもいいので要約を入れることです。一つひとつ確認しながら質問が進むので、せきたてられるような雰囲気を緩和することができます。

③質問にこだわらない

クライアントがうまく質問に答えないことがあります。たとえば、「どうして、お母さんに言えないんだろう」と聞かれて、クライアントが答えられないとしましょう。カウンセラーとしては、そこに何かクライアントの心理的な問題点が隠れていると感じ、こだわりたくなります。問い詰めたい心境です。

しかし、カウンセラーが問題解決するわけではなく、クライアントに話をさせるという作業を続けるのが目的ですから、質問内容にしつこくこだわる必要はありません。もししつこく質問してしまうと、「責められている」「うまく答えられない自分はバカだと思われている」などという裏メッセージに受け取られてしまいます。

④質問の背景を説明する。誤解（裏メッセージ）を避ける努力をする

質問は、ややもすれば非難に受け取られます。そこで、カウンセラーがその質問をする背景を説明すれば、質問が当然の疑問であること、つまり非難でないことが伝わります。

最も基本的な方法が、「具体的方法」で紹介した「質問をする前に要約を入れる」（要約してから質問する）という方法です。

例：「なるほど、結局あなたが、日曜参観に行かなきゃならなくなったわけね。ご主人は、どうしても仕事が抜けられなかった。お子さんとの約束を裏切ることになったのね。（少し間）で、ご主人の抜けられない仕事って、結局どんな仕事だったの？」

このように要約してからの質問だと、クライアントも「ああ、そのことはまだ十分に言ってなかった。質問も当然だ」と感じます。

もし、質問のほうが先に口をついて出てしまったら、その後に補足説明を加えます。

例：「ご主人の仕事って何なの？（クライアントが、何のことか戸惑うような表情をしたら）結局ご主人が参観日に行けないって言ったのは、仕事があったからなんでしょう？　日曜も絶対休めない仕事って、どんな仕事なのかなと思ったものだから」

このような説明がないと、「仕事って何なの？」という言葉と、口調、表情から、クライアントはさまざまな被害的な「読み」を行なってしまうのです。ご主人の学歴や職業にコンプレックスをもっているクライアントなら、「年収のことを聞かれているのかな」とかんぐります。すると、例中の（　）で示したようにクライアントの表情に変化が表われるでしょう。

⑤いい質問を考えない（質問は要約の最中・最後で）

質問するとなると、相手の目からウロコが落ちるような「いい質問」をしなければならないと感じるかもしれません。でも違うのです。話を続けるための質問です。要約しているうちに自然にわいてくる疑問が一番いい質問なのですが、思いつかなければ「…（要約）…なのね。これでいい？　それからどうなったの？」と、うながし質問をすればいいのです。

たとえば右の例では、

「なるほど、結局あなたが、日曜日に参観日に行かなきゃならなくなったわけね。ご主人は、どうしても仕事が抜けられなかった。お子さんの約束を裏切ることになったのね」

という要約の後、

「それで、お子さんの反応は?」

とか、

「学校に行ったら、どうだったの?」

「先生は、どんな感じだった?」

と、少し具体的に話の流れに沿って、水を向けていけばいいのです。

いい質問をしようという下心をもつと、相手の話を中途半端に聞いて、質問のことばかりに意識が集中してしまいます。質問は、自分が要約している最中に考えるようにしてください。これには練習が必要です。次に紹介する段階的な練習で、質問を考える時間を意識したトレーニングをしてください。

トレーニング方法

第2原則「要約・質問」のトレーニングです。第1原則のトレーニングと同じようなトレーニングですが、順番が違うので注意してください。

①テレビでのトレーニング1（質問の前に要約を入れる練習）

テレビ番組（ニュースやワイドショーなどがよい）を見ながら、その内容に質問してみる。質問するときには、その前に、小要約を入れる。

例：「今日未明、渋谷で三五歳の女性が刃物を持った男に襲われ、全治二週間の大けがを負いました」

要約・質問→「二週間の大けがだったんだ。渋谷のどこで？」

②桃太郎トレーニング（一〇文の感覚をつかみ、小要約を入れ、うながし質問をする練習）

一一二～一一三頁**表2**の桃太郎のお話（「語り」部分）を、A～Dの各部分ごとに少し間をあけてテープ（ICレコーダ）に録音する。聞きながらうなずく練習をする。各部分が終わるごとにテープを止め、各部分の話を自分なりにまとめて要約してみる。そして「それからどうなったの」と質問する。

この練習によって、約一〇文（自分なりに覚えながら要約できる量の感覚）の感覚をつかむ。

③テレビでのトレーニング2

テレビのワイドショーのレポートやテレビの通信販売のショーのレポーターの掛け合い、放送大学などの講義、ニュース番組などを録画する。再生と中断を繰り返しながら、要

図１　要約と質問をどのように入れ込むかの一例

〈あるカウンセリングを３分間取り出してみた場合の、小要約と中要約のイメージ例〉

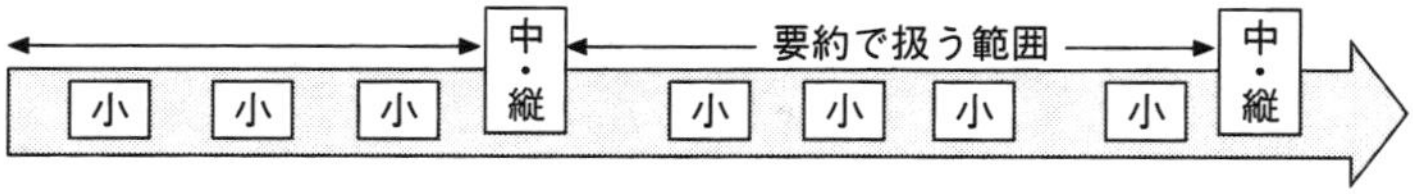
中・縦
要約で扱う範囲
中・縦
小
小
小
小
小
小
小

〈あるカウンセリングを 30 分間取り出してみた場合の、中要約と大要約のイメージ例〉

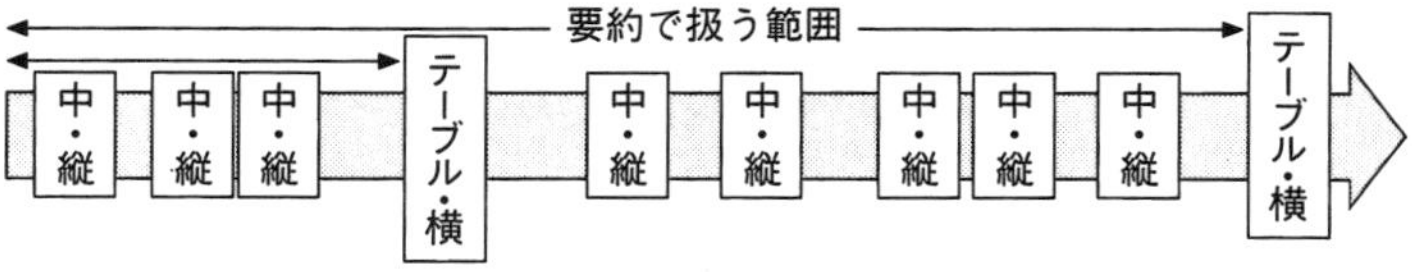
要約で扱う範囲
中・縦
中・縦
中・縦
テーブル・横
中・縦
中・縦
中・縦
中・縦
中・縦
テーブル・横

中・縦　中要約と縦掘り質問　　テーブル・横　テーブル広げと横掘り質問

約・質問の練習をする。

一〇文の目安を意識しながら、話の内容の区切りを探し、中要約を入れるトレーニング。

④鏡のトレーニング

③のトレーニングがある程度うまくできるようになったら、顔が大きく映る手鏡を準備する。③のトレーニングをやりながら、要約・質問するときには鏡を見て、自分がどのような表情をして話しているかをよく観察する。

自分の姿をビデオカメラで撮ると、うなずきから要約・質問にいたるまでのトータルな印象（メッセージコントロール）を確認できる。

⑤ロールプレイ

実際に友人や家族と話をするときに、要約・

質問の練習をしてみる。

レッスン2のまとめ

要約や質問は、「私はあなたの話に関心がありますよ」「注意して聞いていますよ」というメッセージを与えるとともに、クライアントの頭をはたらかせるための非常に重要な技術です。

しかし一方で、使い方を誤ると相手のリズムを崩したり、違うメッセージ（裏メッセージ）を与え、相手を傷つけることになってしまいます。要約・質問は、言葉の部分が加算されるため、うなずき以上にメッセージが出てしまうのです。

そこで、少なくとも、相手の話の勢いをそいだり、相手を不安にしたりするメッセージを出さない、ということを始めの目標にしなければなりません。

具体的には、尋問調にならないということです。質問の前に必ず要約を入れてください。それが癖になったならば、より効果的な質問や要約の仕方を練習しましょう。

要約・質問を入れるタイミングの一例を図示しておきました（図1）。

要約・質問については、レッスン5～7でさらにくわしく勉強しましょう。

レッスン3

第3原則「アドバイス・どう?」

通常のカウンセリングでは、提案はダメだと教えられているかもしれません。でも〝相談事〟ですよ。相談する人は相手の意見も聞きたいし、相談された方も意見を言いたい。実際、アドバイスが役に立つこともあるではないですか。

これまでのカウンセリングでアドバイスを控えてきたのにはわけがあります。アドバイスが始まるとクライアントが話す時間がなくなるとか、うつ状態の人にアドバイスは逆効果である、などの理由です。

しかし、だからといってカウンセラーが自分の意見を完全封殺するのも自然ではありませんし、効果的でもありません。そんな不自然なことを完全にやろうと思うと、それだけでカウンセラーが疲れてしまいます。

とくに初心者は、クライアントの話を聞きながらわきあがる、「こう言ってやりたい」という思いをがまんするのに、大変苦労します。その結果「言いたいこともいえないのなら、カウンセリングなんかしない」とか、「自分にはカウンセリングなど合わない」などと結論づけてしまうことがあるのです。

そこで私は、「○○してはならない！」という禁止事項でガチガチのカウンセリングでなく、もっと自然なカウンセリングになるように、カウンセラーが上手に意見を言える工夫をしてみました。それが、第3原則「アドバイス、どう？」です。

具体的方法

何かアドバイスしたくなったら、アドバイスしてもけっこう。

しかし第2原則と同じく、その前に必ず要約を入れてください。

そして、アドバイス自体は簡単に一〇秒以内に終わらせる。

さらに必ず最後に「どう？」を入れる。

たとえば、「それで、結局お母さんは意固地になって、電話しないのね。だれか、代わりに電話してくれる人はいないのかなぁ。あなたが電話するのは？　どう？」のようになります。

それでは、カウンセリングにおいて上手な提案（アドバイス）ができるためのコツとは何でしょう。

アドバイスは実行させるためのものではないことを肝に銘じる

一つは「アドバイスは、相手にさせるためのものと思わないこと」です。カウンセリングにおけるアドバイスは、相手の頭をはたらかせる刺激になればいいのです。

あなたの提案は「相手に実行させるもの」ではなく「相手の頭の中を揺さぶるためのもの」なのです。あなたの提案したことを、相手は自分のケースに当てはめて考えます。すると、いろんな視点が見えてくることがあるのです。それが相手の思考を進めます。

もし本当にクライアントが受け入れられるアドバイスが偶然出てきたら、それはそれでめでたい。しかしほとんどの場合、クライアントからは、「う～ん、でも、それは……だから」と、できない理由が説明されるでしょう。それでいいのです。アドバイスしたことで、クライアントの頭がはたらき始めました。あなたも、クライアントの状況をさらに深く理解できたのです。カウンセリングは、この作業の繰り返しで、お互いがわかり合っていく作業なのです。

カウンセラーがクライアントの苦しさを何とか理解しようとすることにより、「君のことを攻撃しない」「君は大変だったね、苦しかったね」などのメッセージが出ます。またわかってもらおうとするクライアントの頭もはたらきはじめます。これがアドバイスの（カウンセリングにおける）本当の効果、ねらいなのです。

だから、アドバイスをするときには、相手にそれを実行させなければ、と決して意気込まないことです。ためしにこんなことを言ってみる。クライアントがどう反応するかを興味深く見守る。そして、そこから始まるクライアントの話についていけばいいのです。

「私なら……」という枕詞

実際にアドバイスするとき、三つのポイントがあります。一つめは、「私なら（私だったら）……」という言葉を頭につけることです。

まだ完全にあなたのトラブルを理解したわけではないけれど、少なくともこれまでの話の中で私がわかった範囲（それを要約で示す）を前提として考えると「私なら○○だけどね」と、提案するのです。こうすることで、相手にこの提案を拒否できる余裕を与えることができます。

もともと実行させるものではないのです。相手が否定することも多いでしょう。それなら、否定しやすい形で提案してあげたほうが親切です。

「私なら……」という言葉がついていると、クライアントのほうも「そうだよね。あなたならそうかもしれないけれど、私（クライアント）は事情が違うから……」と否定しやすくなります。

提案は努めて短く

二つめのポイントは、提案部分を説明するとき、時間的に努めて手短に済ませることです。時間が長いと、相手の話す時間がなくなるからです。私は、アドバイスは一〇秒以内、と指導しています。

あなたはどうしても自分の案をくわしく説明したくなるでしょう。

そして、「すごいですね。その案で私は救われました」というクライアントの言葉を聞きたいのです。

しかし、実際クライアントはあなたに全部の問題を話しているわけではないのです。もしあなた自身がクライアントなら、カウンセラーにすべてを話しますか？

自分の過去の汚点や、汚い部分、恥ずかしい部分などは、よほどそれを語る必要がなければ、話さないものなのです。それが自然です。

とすると、あなた（カウンセラー）が理解している問題構造など、クライアントにとってはほんの一部であって、不完全なものなのです。そんなあなたの提案が、クライアントにとって本当に受け入れられるものであることは、きわめてまれだと思ってください。

たとえば、お金に困っているクライアントに対し、「お父さんから借りればいいじゃない」というアドバイスをしたとします。

でも、本当はもうお父さんには、すでにお金を借りていて、それ以上は借りられないクライアントは、「父は自分の事業に理解がない」と言い訳を始めます。

あなたは、それならお父さんに理解してもらうように努力したらと、提案を積み重ねます。クライアントは「父は、絶対わかってくれない」と意地を張ります。カウンセラーはどうしてそう決めつけるのかわからないので、そこにこだわって、質問責めにしてしまう……。

このケースは、カウンセラーの〝提案実行〟に対するこだわりのため、クライアントの気持ちの整理のための時間でなく、カウンセラー対クライアントの戦いのような非生産的な時間になってしまったのです。

カウンセラーの提案は実行するためにあるものではないという、一つめのコツを十分意識してください。そうすれば、自分の提案をくわしく説明したくなる衝動に打ち勝つことができます。

その後、もし求められれば、その提案の具体的内容や自分の経験を述べてもよいでしょう。しかし、クライアントがそれを求めたときでも、本当にそのアイディアやあなたの経験の細部を聞きたいのか、それとも、「それは私にはできない」という気持ちの表われなのかは、よく観察しておかなければなりません。

いずれにしても、やはり自分の話は極力短く終わらせることです。舌足らずでもよい。それを「させる」ためのものではないことを思い出してください。

提案の後に「どう?」を入れてクライアントに話を預ける

三つめのポイントは、「最後に『どう?』を入れる」ことです。これを入れるか入れないかで、展開は大きく変わってきます。

提案をして、もし「どう?」を入れないでいると、その提案をあからさまに否定できない相手は、黙りこくってしまいます。それをあなたは、自分の提案に説得力がなかったのだと感じ、「だって、これこれでしょう」と提案の追加説明をだらだらとしてしまうのです。そうすると結果的に相手に主導権がなくなり、いわゆるお説教になってしまいます。

つまり、形として質問で終わることが大切なのです。完全な言い切りのアドバイスなら、否定するのにエネルギーが必要になる。簡単に否定できるような雰囲気をつくっておくこと（攻撃しないよ、というメッセージ）を必ずこころがけてください。

三〇分はアドバイスや自分の意見を控える

もしあなたが、自分の〝敵〟からアドバイスをされたとしたら、その提案を素直に受け入れることができるでしょうか。敵からのアドバイスは、あなたを不利にする策略かもしれません。決して受け入れられないものでしょう。

通常クライアントは非常に強い警戒心をもっています。

カウンセリングが始まってしばらくは、あなたがクライアントの味方なのか、それともクライアントを傷つける敵なのか、非常に注意深く観察しているものと考えてください。

そういうときに、あなたが何らかのアドバイスをしたとしましょう。

確かにアドバイスは新たな視点を与えてくれ、問題について深く考えるためのヒントになります。ところがその一方で、「そういうことも思いつかないあなたは無能だ」とか「十分な努力をしていないのではないか」という裏メッセージにとらえることがあるのです。

先の例で「お父さんに借金をお願いしてみたら」というアドバイスは、(カウンセラーにそういう意図がなくても)クライアントにとって「それぐらいのこと自分で何とかしろよ」「まずは自分で努力をするべきだ」などというメッセージに取られてしまったのです。だからクライアントは、自分は十分努力してきたということをカウンセラーにわかってもらおうとしていかに父親が酷い人間で、自分がその被害を受けてきたかを一所懸命語ったのです。

この場合、アドバイスはクライアントを傷つけるメッセージになってしまいました。

このことでクライアントは、カウンセラーのことを、自分を傷つける「敵」と認識したでしょう。それ以降クライアントは、あまり自分のこころの中を話さなくなりました。次のカウンセリングの予約をとらなかったのは言うまでもありません。

このように、アドバイスには裏メッセージに取られかねないという危険性がともなうのです。

そのため、クライアントがカウンセラーのことをある程度信用してくれるまでは、たとえ「アドバイス・どう？」の原則に従うとしても、できるだけアドバイスは避けるのが賢明なのです。

私は毎回のカウンセリングにおいて、三〇分間は「アドバイス・どう？」を控えたほうがよいと教えています。

トレーニング方法

①新聞の悩み相談欄を使ったトレーニング

相談欄を読みながら、その途中や読み終わったあとで、アドバイスや意見を言えると感じたら、一〇秒以内で言葉にする練習をしてみる。

そのとき「私なら……」と「どう？」をつける。

次に、「どう？」に対するクライアントの意見を想像する。

その意見に対して、すぐにまた意見をしてはいけない。クライアントの発言を「うなずいて、じゅうぶん聞いたら要約・質問」で聞くことをイメージトレーニングする。

②鏡のトレーニング

①のトレーニングがある程度うまくできるようになったら、顔が大きく映る手鏡を準備する。①のトレーニングをやりながら、アドバイスするときには、自分がどのような表情をして話しているかをよく観察する。

自分の姿をビデオカメラで撮ると、うなずきから要約・質問、アドバイス・どう?にいたるまでのトータルな印象（メッセージコントロール）を確認できる。責める雰囲気が出ていないことをチェックする。

③ロールプレイ1

気の合う友だちに、「カウンセリングの練習」の相手をしてもらう。

悩みごとをつくって打ち明けてもらい、これまでの手順で聞いていく。ある程度聞いて、意見を言いたくなったら、まず要約して、次に一〇秒以内にアドバイス（意見）を言う。そしてその反応を見て、また聞く状態を維持していく。アドバイスのあと、そのアドバイスの説明に陥らないよう十分注意する。

④ロールプレイ２

実際に友人や家族と話をするときに、「アドバイス・どう？」の練習をしてみる。三〇分がまんする訓練。

つぼみたちへ　アドバイスしていい!?

「アドバイスをしていい」というアドバイスに、カルチャーショックを受ける人は多いと思います。

確かにアドバイスをしたり、カウンセラーが意見を言ったりすることは、とくに初心者の場合、単なるお説教に陥るきっかけとなってしまいます。

ところが、私たちが悩みを解消する過程をよく考えてみますと、だれかの一言や映画の中の言葉、本の一行、歌のワンフレーズなどから、あるヒントやひらめきを得てこころがふっきれることだってあります。むしろそういう記憶はだれにでもあるはずです。

それに、三人寄れば文殊の知恵ということわざもあります。人はもともと群れて生活をする動物です。自分だけの考えではなくて、ほかの人の知識や経験もうまく活用することによって、正しい道を選択したい。そう思うのはとても自然なことなのです。

ところがこれまでのカウンセリングでは、カウンセラーが意見をすることをあまりにも極端に否定してきました。理論のうえでは確かに完全否定していないのですが、現実に講師やトレーナーが指導する場面では、アドバイスなどを極端に否定しているのが現状です。

　これでは、有効な武器を一つ捨てているようなものです。アドバイスは確かに難しい。でも自然なものなのです。だからここで紹介したコツをつかんで上手にアドバイスしてください。

レッスン3のまとめ

話を聞くうちに、カウンセラーの中に自然に出てくる意見や提案があったら話してもいいのです。しかし、その前に必ず要約を入れることが重要です（仮に要約を忘れ、思わずアドバイスを口にしても、その後に、「だって…（要約）…、だからそう思ったの」と、要約を付け加える）。

また、提案（アドバイス）は「私だったら……」で始め、一〇秒以内に短く終わらせ、さらにアドバイスした後は必ず、「どう?」と相手に意見を求めてください。

もし相手が黙っている場合は、アドバイスが受け入れられないと判断し、「そんな簡単なものじゃないか。どこが一番難しいのか教えてくれる?」と、さらに質問して相手に話題の主導権を戻します。

クライアントが、カウンセラーの提案内容について質問してきた場合、質問されたことだけに、端的に答えます。決して自分の案のプレゼンテーションになってはいけません。とくにカウンセラーが発言する時間を短くすることを忘れないでください。

実際のカウンセリングでは、三〇分はできるだけアドバイスを控えましょう。

レッスン1〜3では、だれでも簡単にできるカウンセリングのコツを、三つだけお伝えしました。その三つは、意識するだけであなたのカウンセリングの質が変わるほど、強力かつ基本的なものです。

私は、初心者でも覚えやすいように

「リズムを変えてうなずいて、じゅうぶん（一〇文）聞いたら、ようやく（要約）、質問、じゅうぶん（一〇文）聞いたら、ようやく（要約）質問、じゅうぶん（一〇文）聞いたら、ようやく（要約）、一〇秒以内にアドバイスどう？」

というフレーズを、ラップのよう唱えて覚えてもらっています。要約という言葉にアクセントを置くと、いいリズムで覚えられますよ。

上を目指す人は、そんなラップを頭の中で繰り返さなくても、自然体でそのように反応できるまで十分トレーニングしてください。

3原則は、規則ではありません。単なるコツです。コツはあまりにも意識しすぎると、かえって不自然になります。スポーツでも、素人がスランプに陥るとき、そのほとんどがあるコツを意識しすぎた結果だといわれています。

かといって、取り入れなければなんら変わりません。努めてそのコツを取り入れるよう意識しながら、しかし自然さを完璧には失わないように、バランスをとりながら試してください。

レッスン4 悩みとは…

たとえば、あるクライアントが、ひとしきり自分の悩みをカウンセラーに話しているうちに、

――こんなことをこの人に話していても、仕方ないな。自分でやれることをやるしかないか。

と感じるようになって、「ありがとうございました。何とかします」と帰っていったとします。

クライアントが話してくれた情報だけでは、カウンセラーは、クライアントの問題の全体像をつかみきれませんでした。

クライアントが、困っているということはわかったのですが、どうすればいいという方向性は見出せません。何とかしてあげたいという気持ちだけはあるのですが、結局話を聞いただけ。

さて、あなたがもしこのカウンセラーなら、どう感じるでしょう。

自分の行なったことが、意味がなかったような感じがして、落ち込むでしょうか。

もし、私があなたのスーパーバイザー（カウンセラーの指導者）だとしたら、

「とても良い支援をしましたね」

とほめてあげます。

それは、あなたのカウンセリングに対する定義と、私の定義が異なるからです。

カウンセリングとは一般には「言語および非言語的コミュニケーションをとおして行動変容をはかること」と定義されています。

この定義によれば、クライアントには何の行動変化の兆しも見られなかったのですから、やは

り良いカウンセリングではなかったような気がします。

私はカウンセリングとは、「クライアントの感情や思考の整理を手伝うことによる、ストレス解消法の一つ」だと考えています。

この視点から見ると、先のカウンセリングは、とても良い支援です。いいカウンセリングをしたので、クライアントの頭が整理されたのです。その結果、エネルギーが回復した（ストレス解消）。すると発想も変わってきたのです。クライアントを取り巻く状態はまったく変わっていないにもかかわらず、わらをもつかむ不安の強い状態から、「自分で動けば何とかなる」という発想に移行し、がんばってみようという気持ちが生じてきたのです。

この、私流のカウンセリングの定義についてくわしく解説してみましょう。

カウンセリングは「ストレス解消法」

まず、「（カウンセリングは）ストレス解消法の一つ」という部分です。

このことは二つの意味をもちます。

一つは、カウンセリングがクライアントの人生を操作するものではないということです。

カウンセリングの定義には、「クライアントの人間的成長をうながす」とか「病的状態を治療する」などという言葉が含まれているものもあります。そのような定義には、カウンセラーはクライアントを導いたり、教えたり、治したりする役割であるという暗黙の了解が隠れています。私は、カウンセリングを、人生という長丁場を車で走るときのロードサービスのようなものだと思っています。走り方が悪かろうが、ボロ車であろうが、どこに行こうが、それは自由です。ただ、トラブルがあったときだけ、少し支援する。少しとは、また自力で走り出せる程度まで、ということです。

その人の生き方まで口を出せるのは、その責任を負える親兄弟だけだと思うのです。カウンセラーは、それほどの責任を負えない。だったら、クライアントの望む支援をすればいい。美容室に行って、この髪形をしなければならない、これぐらい切らなければならない、なんて言われないのと同じです。

だから、ストレス解消法の一つなのです。話すことによって、すっきりして、またその人なりの生き方ができるようになればいい。そのためにカウンセリングで、エネルギーを補給する。私は、カウンセリングをそのようなものとしてとらえているのです。

一つ注意していただきたいのは、私が「ストレス解消法の一つ」というとき、カウンセリングの重要性を卑下しているのではないということです。むしろその逆で、とても重要なものだと考えています。

私たちはストレス（苦しみ）があると、病気になり、時には死んでしまいます。上手にストレスに対処すれば、すばらしい人生を送れるでしょう。カウンセラーはそのお手伝いをするのです。でも一方で、クライアントの人生に責任をもつ必要もないのです。

さて、カウンセリングがストレス解消法だという二つめの理由は、カウンセリングは問題解決ではない、という本質に基づいています。

多くの人が、カウンセリングはクライアントの抱える問題を解決してあげることだと考えているでしょう。私も、そう思っていました。でも実践を重ね、自分がやっていることをよくよく考えるうちに、そうではないことに気がついてきたのです。

このことについては、少し深く考えてみましょう。

悩みが生じるとき・終わるとき

カウンセリングと問題解決の関係を考えるために、もう少し本質的な部分から考えてみましょう。そもそもカウンセリングの前には何らかの「悩み（ストレスと言い換えてもよい）」があるはずです。

悩みとはいったい何でしょうか。

皆さんは、数学の図形の問題が解けないからといって、その状態を悩んでいると言うでしょうか。

このテーマを考える手段として、私がよく教育の中で使っている思考訓練があります。それは、「どのようなときに悩みが終わるか」を考えてみることです。

あなたはいろんな悩みを抱えているでしょう。あるいは、抱えていたでしょう。それが終わったのは、どんなときですか。どのようなきっかけがあったでしょうか。

同じく、教育の中でこの問題を考えるときに使う思考訓練に「あなたが悩んでいるとき、あるいはストレスを感じたときに、どのようなことをしますか」というものがあります。

この二つの命題を少しだけ考えてみてください。本書を閉じて、二つの質問ごとにあなたなりの答えを紙に書き出してみてください。

さて、私の教室などでよく発表される意見を次頁の**表3**、**表4**にまとめておきました。この表を見てどのようなことを感じるでしょうか。

まず、「どのようなときに悩みが終わるか」という設問については、「問題が解決したとき」「問題解決の糸口が見えたとき」「問題そのものが実は存在しないとわかったとき」などがあります。これはある問題に対して悩んでいたわけですから、よく理解できる悩みの終わり方です。

ところが、「時間が経った（時間が解決した）」「より苦しい問題が発生した」「恋愛などの楽しいことがあって忘れられた」などは問題解決とは関係ありません。でも私たちは、このような形で悩みを解消（?）しているのです。これはどういうことでしょう。

またもう一つの質問「悩み（ストレス）を感じたときにどのようなことをするか」について

表3　どのようなときに悩みが終わるか

- 問題が解決したとき
- 時間が経ったとき
- 問題解決の糸口が見えたとき
- 問題そのものが実は存在しないとわかったとき
- だれかが助けてくれる
- (より苦しい問題が発生して)もっとつらいことが起こったとき
- 解決策が見えたとき
- おいしいもの食べたとき
- 恋愛などの楽しいことがあって忘れられた
- 何かに集中して忘れているうちに
- 気分が変わったとき
- 考え方が変わったとき
- どうでもいいと思えたとき
- 何とかなるさと思えたとき
- 自分の責任ではないと感じたとき
- 許してもらえると感じたとき
- 仲間に助けてもらえると感じたとき
- みんなも同じ悩みをもってるとわかったとき
- 自分に自信がもてたとき
- つらい状況に慣れてきたとき

表4　悩み（ストレス）を感じたときにどのようなことをするか

- 問題について考える
- 相談する
- 解決策を考える
- とにかく行動してみる
- 情報を集める
- 運動する・歩く
- 忘れる、考えないようにする
- 買い物をする
- 本を読む・映画を見る
- 旅行に行く
- 友だちと会う
- いつもはしない行動をする
- おいしいものを食べる
- とにかく眠る（寝てしまう）
- タバコを吸う
- お酒を飲む
- 髪の毛を切る
- 温泉やエステに行く
- 引きこもる・人を避ける
- 懐かしい人に会いに行く
- アルバムを見る
- ギャンブル（パチンコ）をする
- ゲームをする
- おしゃべりをする
- カウンセリングを受ける
- 踊り明かす
- 座禅を組む
- リラクゼーションをする
- 音楽を聴く
- 楽器を演奏する
- 思いきり落ち込む・泣く
- 人や物にあたる
- マッサージを受ける
- 良い香りをかぐ
- 異性と付き合う

は、これまた「問題について考える」「情報を集める」「相談する」などのように、問題そのものに関連することを行なう場合と、「風呂に入る」「パチンコする」「旅行する」などのように問題そのものの解決にまったく関係ないことをすることがあります。「問題について考えないようにする」とか「寝てしまう」などはむしろ問題を避けているようにも見えます。

ところがそのような行為で、われわれはストレスや悩みを解消し、日々の生活を続けていけるのです。

これらのことを考えてみると、どうも悩みの解消イコール問題の解決、ではなさそうです。

それではいったい、カウンセリングの前提となる悩みはどんなときに終了するのでしょうか。

この問題はやや哲学的なテーマをはらんでいるので、あまり深く説明しませんが、私はエネルギー論で理解しています。

私のエネルギー論によりますと、「悩みとは、苦しみをともなう思考や感情」のことです。クイズの問題は解けなくても命が奪われることはない。だからあまり苦しみをともなわない思考なのです。つまり、悩みが終わるとは、苦しみがなくなることなのです。それでは、苦しみとは何でしょうか。

人の苦しみには大きく三つの根元があると考えています。

一つは、災害や外敵によって自分の命が脅かされる苦しみです。苦しみは、その状態から何とか抜け出すための動機となります。

二つめは、愛に関する苦しみです。動物はDNAを運ぶための一時的な乗り物です。愛がなければ、子孫を残すことはできません。その苦しみは、配偶者や家族を求め、子どもを大切にする動機となります。

三つめは、エネルギーを消費する苦しみです。おそらく原始時代は三日に一度の食事ができればいいほうだったでしょう。そんな中で衣食住を確保するための過酷な労働を続けなければなりません。エネルギー切れでいつ死ぬかもわからない、そんな状態でわれわれヒトは数百万年も過ごしてきたのです。この苦しみは、食を求める動機になるとともに、エネルギーを節約するために、眠ったり休んだりする動機にもなります。

これらの苦しみについては一見、現代人はすでに克服しているように感じるかもしれません。日本などでは安全は確保されており、多くの異性と知り合い、結婚し、子どもを育てることができます。食に困ることはほとんどなくなりましたし、家電や車の発達により過酷な労働も少なくなりました。

ところが、現代人の苦しみをよく観察してみると、私には多くの人がエネルギー消耗の苦しみを抱えているように思えてならないのです。

それが、「悩み」によるエネルギー消費の苦しみです。私が「悩みとは苦しみをともなう思考や感情」と表現した、その苦しみとは、エネルギーを消耗する苦しみのことなのです。

私たちは、運動でエネルギーを消費するだけではなく、思考することによっても多くのエネルギーを消耗します。一時間ずっと考え続ける試験のあとでは大変疲れ果てているでしょう。うつ状態になって感情の嵐に巻き込まれると、だれだって急激にやせてしまいます。これも感情という頭脳労働が、エネルギーを消費している証拠です。

つまり、悩みというのは、ある現状認識があって、それによって感情にともなう思考作業により、①現実にいま多くのエネルギーが消耗されていく、②これから対処しなければならないことによるエネルギー消費が予想される、の二つから、エネルギー問題が生じていることを表わしているのです。

実例で考えてみましょう。

〔例〕 Aさんの悩み

三五歳のキャリアウーマンAさんの悩みです。

きのう、突然出向の調整を受けました。出向といっても以前は本社の一部分だったところが子会社化されたところです。英語の得意な彼女にとっては、実力を発揮できる仕事だし、一応管理職なので栄転ともいえるポストです。

ところが、彼女は悩んでいます。

彼女がそう思っているだけかもしれませんが、先月来、今の上司とうまくいっていないのです。プロジェクトの件で、彼女のアイディアがプロジェクトリーダーに認められたのです。反対していた上司の意見が退けられた形でした。それ以来、どうも上司の彼女に対する態度が冷たいようなのです。

今回の異動の話も、上司から「出された」のではないかと感じるのです。

上司は、かなり力のある人で、出世していくでしょう。そんな人に嫌われてしまったら、今後の彼女の会社でのキャリアが難しくなるのではないかと不安になっています。

また、たとえ子会社でも、いったん出されてしまったら、本社での出世争いにマイナスになると、聞いたこともあるのです。

自分と同じ道を進んでくれたと喜んでくれていた父の期待を裏切るのではという不安もあります。

その一方で、ちょうど自分の生き方に迷いが生じている時期でもありました。六年間付き合っている彼とは、何となく腐れ縁のようになってしまって、結婚にはなかなか踏み切れません。しかし、子どもがほしいという気はあり、それにはだんだん時間がなくなりつつあることも意識しています。いま地方の子会社に行くと、彼とはおそらく終わりになるでしょう。

きのうの人事課長の口ぶりでは、異動は本決まりというわけではなさそうです。彼女は、どうしたらいいのか、悶々としています。

感情のプログラムがエネルギーを消耗する

さて、彼女の今の気持ちや感じ方を図にしてみました（図2）。

異動の調整があったという事実から、たくさんの気持ちが「発動」しています。それぞれの気持ちは、シミュレーションを開始させたり、将来の危険にそなえてからだの変化を始めさせたりします。このことは原始人をイメージすると理解しやすくなります。

たとえば、原始人が敵対する種族や、猛獣に遭遇したとき、ヒトは、攻撃をするか逃避するかしなければなりません。そのために、からだには次のような準備が行われます。

（1）予想される流血を少なくするために、毛細血管は収縮（顔面蒼白）し、血液の粘性が上がる。同時に、大きな運動に必要な大量の血液を身体に供給するため、心臓は「ドキドキ」と活動が活発になる。

（2）危機に際して、便意などをもよおさないように、消化管の動きは停止する。のどが渇く。

（3）道具を持つ手が滑らないように、手のひらなどに汗をかく。

（4）暗闇でも相手を見失わないように、瞳孔が大きくなる。

（5）強い衝撃にも耐えられるように、筋肉は硬直する。

（6）あまり深く考えて、機を失することがないように、思考が停止する（頭が真っ白になる）。

（7）他人の助けを求めるために、悲鳴をあげる（あるいは全く歯が立たない相手の場合、自分の

図2　Aさんの悩み

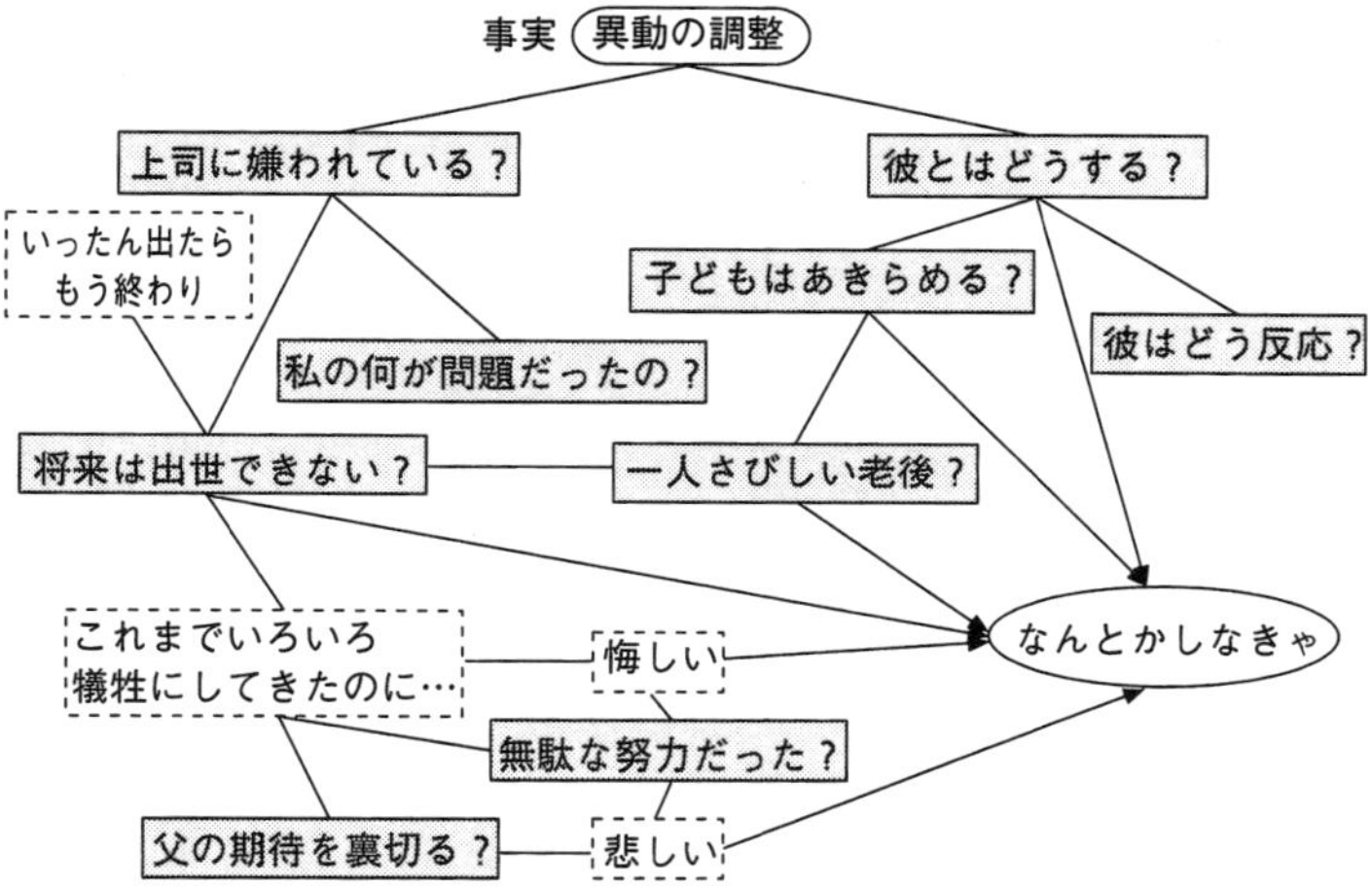
事実
異動の調整
上司に嫌われている？
彼とはどうする？
いったん出たら
もう終わり
子どもはあきらめる？
彼はどう反応？
私の何が問題だったの？
将来は出世できない？
一人さびしい老後？
これまでいろいろ
犠牲にしてきたのに…
悔しい
なんとかしなきゃ
無駄な努力だった？
父の期待を裏切る？
悲しい

「異動の調整」から連鎖発動した、不安の下位プログラム

不安連鎖で発動した、不安以外の感情のプログラム

気配を消すために、声が出なくなる)。

このようなからだの準備と同時に、ヒトに、ある行動を起こさせる強力な動機がからだ中を駆けめぐります。敵を「やっつけられる」と一瞬に判断したならば、「怒り」とわれわれが呼ぶ感情、「強すぎる」と判断すれば、「恐怖」とわれわれが呼ぶ感情です。

怒りは、自分が無敵であるかのように気分を高揚させますが、逆に恐怖は、相手がどこまでも、どこまでも追いかけてくるような気分にさせます。その結果、怒りのプログラムが発動したヒトは、異常な興奮状態で敵に襲いかかり、恐怖のプログラムが発動したヒトは、どこまでも、どこまでもひたすら逃げるのです。

このほかにも、基本的なプログラムとしては、敵のことを常に忘れないようにし、危機に対して準備をする行動をうながすための「不安のプログラム」や、みずからや仲間が傷を負ったときに、不用意な動きによって敵に見つかることがないようにするため行動を抑制する「悲しみのプログラム」などがあります。

これらは、現代人の私たちにもそのまま受け継がれているプログラムです。

いずれにしても、これらの感情のプログラムは、発動するだけで相当のエネルギーを消費してしまうのです。

ヒトはエネルギーが失われることに非常に過敏に反応する

原始時代は、あまり食物に恵まれていません。苦労してある食を手に入れたら、次に食べられるのは、数日後かもしれません。その間は非常に少ないエネルギーを何とかやりくりしていかなければならない。つまり、エネルギー切れで死んでしまう可能性に常に脅かされていたのです。

その中で、感情のエネルギーを使うこと自体、さらなるエネルギーを消費する苦しさがあるのです。

感情のプログラムの中でも、不安のプログラムの消費エネルギーはケタ違いに大きくなります。それは、不安のプログラムが連鎖するからです。

Ａさんのケースでも、一つの不安が次の不安を呼んでいます。しかもそれぞれの不安が、もしかしたらこうなるかもしれないというシミュレーションをともないます。その結果しだいでは、不安だけでなく悲しみや怒りのプログラムを発動することもあるのです。

また、不安は将来に対処するためのプログラムですから、当然対処法を一所懸命考えてしまいます。これにも相当のエネルギーを使うでしょう。

コンピュータを使う人はわかると思いますが、あるプログラムを動かそうとすると、反応が遅くなる場合があります。そういうときは、そのプログラムを動かすために多くの計算を必要とすることで動きが遅くなるのですが、それを「プログラムが重い」と表現します。

感情のプログラム、とくに不安系のプログラムは、大変エネルギーを消耗する重いプログラムだといえるでしょう。この重いプログラムを走らせることが、苦しいのです。逆にいうと、より軽いプログラムになれば、文字どおりこころが軽くなります。

悩みが解消するとき

悩みが解消するときのパターンを、感情のプログラムによるエネルギー消耗の視点で考えてみましょう。

なりました。

〈解消パターン1〉

Aさんは、さんざん悩みましたが、しばらくすると、「どうにかなるさ」と開き直れるように

これは、いわゆる時間が解決するというパターンですが、エネルギー問題の視点から、悩みが解消される（終わる）典型例です。

消費エネルギーの大きいプログラムが走り続け、エネルギーが底をつく危険が大きくなると、それを警告し、それ以上のエネルギー消費を抑えるためのプログラムが立ち上がります。疲労のプログラムです。考え続けると、しだいに疲労して、「もういいか」と思考するのをやめ、エネルギーの消耗を抑えるのです。この段階で、問題は何ら解決していないにもかかわらず、苦しさは低下するのです。

エネルギー系から問題が解決する（時間が解決する）もう一つのパターンは、慣れてしまうケースです。

ある出来事に対していろんなプログラムを立ち上げて警戒した。ところが何も起こらない。エネルギーを節約するために、自然にプログラムを落としていく。これが慣れることによって、苦しみが減っていく仕組みです。

〈解消パターン2〉

Aさんはこのことで悩んでしまって、夜も眠れず、仕事に気持ちが向きません。このままではいけないと思ったAさんは、「よし、もう考えるのは止めよう。仕事に集中しよう」と決心しました。そして異動について不安なことが頭を駆けめぐり始めても、意識的にそれを中断し、ほかのことを考えたり、わざと仕事のスケジュールを忙しくして、夜は疲れ果ててすぐに寝てしまうような環境に自分を追い込んだのです。

結果として、異動の件はそのまま話が進み、Aさんは子会社に出向することになりました。彼とは、それ以来自然消滅の形なりましたが、今では海外とやりとりをするエキサイティングな毎日に、充実感さえ覚えています。

この場合、Aさんは不安のプログラムを自分の力でストップさせ、「情報収集、シミュレーション、対策の考察、その結果のシミュレーション」と続く頭脳労働を回避できたのです。それで苦しみ（悩み）が減りました。

ここで重要なことは、Aさんは結局異動に関する問題に、積極的にはかかわらず、周囲から見れば、いわゆる問題回避した（逃げた）ことになります。しかしそのことで、当時の苦しさ、つまり不安のプログラムによる過剰なエネルギー消費の危機を切り抜けたのです。

結果はどうでしょう。Aさんは、新しい職場でいきいきと仕事することになりました。こういうことは、私たちの人生にとても多く見受けられます。
不安のプログラムは、命がかかっていた原始人にとっては適切なプログラムでも、現代人にとっては過剰な発動をするプログラムとなっています。
だから、案外「生むが易し」ということが多いのです。

〈解消パターン3〉

Aさんは悩みに悩んだ末、ついに人事課長のところに相談に行きました。するとと意外なことがわかったのです。なんとその子会社には今の上司も近々、取締役として異動するらしいのです。Aさんの異動調整は、Aさんの実力を高く買っている今の上司が、直接人事のほうに依頼したものでした。ただし上司の異動の話は、まだ会社内でも知る人が少ない情報であるので、くれぐれも口外しないようにと注意されました。課長のよそよそしさは、そのせいだったのかもしれません。

そのことを聞いたAさんは、先ほどまでの悩みがどこかに吹っ飛んだようです。自分のデスクに戻った彼女は、仕事をしながらも、頭の中では次の会社でバリバリ仕事をしている自分のことを想像して、つい口もとがゆるんでしまうのです。

この場合、異動の調整という「事実認識」が、新たな情報が加わったことで修正されました。

それによって、自分のキャリアへの不安や父親の期待を裏切ることなどの不安が終わり、このこと（異動）に関する全体の活動プログラムの消費エネルギーが大幅に削減されたのです。もちろん彼との関係の不安は残っていますが、実は上司に認められていたのだという、うれしさのパワーによって、相殺されてしまったのです。

〈解消パターン4〉

かなり悩んでしまった彼女は、久々に会った彼に悩みを相談してみました。いつもは彼女の話をろくに聞いてくれない彼でしたが、今回は意外な反応が返ってきました。

「君の実力を認めてくれない会社なんて、やめてしまえばいいよ」

「簡単に言わないでよ。会社をやめてどうやって食べていくのよ」

「君一人ぐらい、僕が食べさせてやるよ。……一生」

「何よ。……急に」

「そういうことだよ。結婚しよう。前々から思ってたんだ。言い出すチャンスがなくて」

思いもかけない言葉でした。「食べさせてやる」なんて、女性をバカにしたような発言はいつもだったら許せないのですが、雰囲気というかタイミングとでもいうのか、Aさんはポロポロと涙を流しながら、しおらしく「はい。ありがとう」と答えたのでした。

あとのことは言うまでもありません。Aさんはすっぱりと会社を辞めて、彼と結婚しました。

その後も別の会社で仕事を続けながら、一年後には、念願の子どもを授かることができたのです。

この場合は、思いもかけない彼の言葉によるうれしさのパワーが、現在の不安を感じさせなくし、さらに彼との将来を思い描くことで、未来に対する予防プログラムである不安プログラムを終了させることができたのです。それによってエネルギー消費の苦しさも解消されました。

さらに、これまで「一人で生きていかなければ」と気負っていたAさんでしたが、それ以来人に頼ることの心地よさを感じることもできるようになりました。人に守ってもらう。これこそ究極のエネルギー保存になります。

〈解消パターン5〉

Aさんは悩んで眠れなくなりました。不眠はさらに不安を呼びます。Aさんはお酒を飲むようになってしまいました。お酒を飲みさえすれば、いい気持ちになって、嫌なことを考えなくても済みます。そしてしばらくすれば、眠くなって寝てしまえるのです。

結局異動が決まり、Aさんは、新しい会社で働くことになりました。するともともとポジティブに考えるくせのあるAさんは、これも一つのチャンスと考え始めるようになってきたのです。日々の仕事に取り組むうちに、元の会社での嫌なことはすっかり忘れてしまいました。

この場合は、お酒を利用して今の苦しみから逃れています。お酒という薬物によって脳の状態をマヒさせ、不安のプログラムをストップさせているのです。またアルコールの「抑制効果」によって眠くなることで、不眠の苦しさから逃れられます。さらにお酒に酔う快感が、苦しみを感じないようにしています。

だから昔から、お酒は重宝がられてきたのです。

このようにしてアルコールの力を借りて今の苦しさをまぎらわしているうちに、事態が進み、「不安に思っていた出来事の結果が判明する」「その状態に慣れてしまう」などのように「時が解決する」ことが多いのです。

どうやらAさんもこのパターンで、結果的にはお酒を賢く利用した形になります。

ところが、お酒は薬物です。いいことばかりではありません。短期間ならいいのですが、長期にわたる苦しみにお酒を利用し続けていると、必ずといっていいほど問題が悪化していきます。

〈解消パターン6〉

Aさんは悩んでいます。気分を変えようとして、本棚にあった高校時代に愛読していたマンガをパラパラとめくってみました。すると、いつものようにどんどん読み進んでしまいます。三冊目を読んでいるうちに、主人公がピンチに陥ったとき、「ピンチは、ちゃ〜んす」と言ってウィンクする一コマがありました。Aさんは思わずそのページで止まってしまいました。

「ピンチは、ちゃ〜んす」か……。そうだよね、とつぶやきます。

その時からAさんは、今回の出来事を少し違う見方で考えられるようになりました。

今の会社は、本業で伸びていません。経営陣の責任を追及する声も上がり始めています。それに比べて異動する会社は、業績がどんどん伸びている会社です。女性も働きやすいらしく、ナンバー2も女性です。Aさんのような立場でも、プロジェクトを任されたりするかもしれません。今の会社よりむしろやりがいがあるのではないか、自分の力を生かせるのではないか、と考え始めたのです。


この場合は、マンガの一つのセリフが、Aさんの事実認識や不安の前提に、違う視点を与えてくれたのです。その結果、「異動」という事実にぶら下がっているさまざまなプログラムの消費エネルギーが急激にダウンサイジングされました。

つぼみたちへ　そのほかの解消パターン

このほかにも、宗教体験、臨死体験などですべての悩みが解消するパターンがあります。これらは人生で培ってきた（育ててきた）適応するためのプログラムのうち、重いものがいっせいに消去されてしまうものだと思います。生か死、あるいはあまりにもこれまでと違う環境に直面し、とりあえず生き延びることに集中するために、不必要なプログラムを一度すべて落としてしまう。

たとえば、他人に対し警戒心を強くもって生きてきた人にとって、その警戒心は、たとえ重いプログラムでも生活を維持するためには必要なものです。ところが、生か死の環境では、とりあえずいらない。だから生き返ってみると、そのような警戒心が消えて、別人のような感じになることもあるのでしょう。

また、このほかにも興味深いパターンとして、「もっと大変なことが生じる」という苦しみの終わり方もあるのです。たとえば、Aさんがこの状態で悩んでいるとき、大震災に襲われたとします。多くの人が死に、毎日を生き延びることに一生懸命になってしまいます。そんな状況では、Aさんの将来に対するキャリアの悩みなど、吹っ飛んでしまうでしょう。何も地震でなくても、交通事故、肉親の突然の死亡、やくざにからまれるなどでも同じです。とにかく、もっと悪いことが起こると、これまでの悩みなど小さなものに思えてしまうのです。

これには、苦しみのプログラムが関連しているのですが、本書の目的を超えてしまいますので、割愛します。参考文献を参照してください。

いずれにしても、悩みや苦しみは、出来事（表面的な問題）と完全に一致しているものではなく、感じ方、考え方、当事者の置かれた状況などにより、変化しうるものなのです。そして、現代人の場合その変化の鍵を握っているのは、出来事に対してプログラムを発動するか否か、つまりエネルギーを消費するかしないか（大量消費を中止できるか否か）ということなのです。

悩みが解消するとは

Aさんの悩みの解消パターンを見てきました。私は、このことから、三つのことがいえるのではないかと思います。

まず、必ずしも問題解決イコール悩みの解消ではないことは、パターン1を見ればよくわかりました。これが一つめのポイントであり、私のカウンセリングの定義の重要な一部分になります。

なぜ私がそこにこだわるかというと、多くのカウンセラーが、どうしても問題解決のほうに意識が向くために、クライアントの気持ちを軽くする支援ができなくなるからです。逆にクライアントを苦しめることさえあります。カウンセラーは、自分は問題解決をしているわけではないということを、常に強く意識しなければならないのです。

カウンセラーが問題解決のほうに意識を向けやすいのにはわけがあります。

原始人を考えると、そもそもヒトは助け合って、ようやく生きてこられたのです。ある人が困ったとき、それを周囲の人に伝えると、彼らは具体的な支援をしてあげます。たとえば、熊という危険があれば、安全な場所に連れていって守ってあげる。水がなければ、水を探して持ってきてあげる。結婚相手がいなければ、だれかを探して紹介してあげる……。このように、「相互に生きていくための具体的な支援をしてあげる」ことが、種の保存の欲求として、すべての人に組み込まれているのです。

だから私たちは、だれかに何かを相談されると、具体的に役に立つような（問題が解決するような）対策を考えるくせがあるのです。

ほんの五〇年ほど前の日本だったら、まだそのような具体的な支援も重要だったでしょう。今日の夕食がなくて、親族のおばさんに助けてもらうこともありました。その時は具体的に、コメをもらったり、仕事を紹介してもらったり、もっと家賃のかからない家を探してもらうことで、助けてもらったのです。

ところが、幸か不幸か、時代が変わってしまいました。日本は発展し、多くの人は食に困ることがなくなりました。むしろダイエットが悩みという時代です。

だれかの力を借りる必要もなく「ひとりで生きていける」時代を生きている日本人が、だれかに相談するとき、それは具体的な支援を求めてのものではなく、気持ちの苦しさ（不安、恐怖、悲しさ、怒りなど）を何とかしたいことが多いのです。

つまり現代人は具体的な問題ではなく、気持ちの整理のためにカウンセラーを利用することが多いのです。それに対してカウンセラーは、昔からのくせで、どうしても「その人に具体的に役立つだろう」と思うアイディアを一所懸命に考えてしまいます。もちろん、それがとても良いことだと信じています。

ところが、具体的なことを話される（たとえば、アドバイスや経験談を話される）と、むしろクライアントの不安が、逆に大きくなってしまうことがあるのです（この現象は、レッスン7でくわしく説明します)。

とにかくここでは、(現代人のための)カウンセリングは「問題を解決をする」という意識で臨むとうまくいかないことが多い、ということを覚えておいてください。

そのことを強調するために私は、「カウンセリングは(問題解決ではなく)ストレス解消の一つだ」という定義を提案しているのです。

パターン2以降からは、さらに二つのポイントを指摘できます。

その一つは、「今の苦しみ」を何とか減らすことができれば人は前に進める、ということで、これは「問題解決イコール悩みの解消ではない」と同じことを言っているかもしれません。

私たちが人の悩みの解決を支援するときに、どうしても陥りやすい誤りの一つが「問題を根本的に解決しないかぎり、この人の悩みは終わらない」と、こちらが勝手に決めつけてしまうことです。

「性格が問題だから、性格を直さないかぎり悩みは終わらない」
「父親との関係が問題だから、それを直さないかぎり苦しみ終わらない」
「ある行為が問題だから、その行為を直さないかぎり悩みが続くだろう」

ところが、Aさんのケースで見たように、問題を一時的に回避するだけで、あとは何とかなっていくこともあるのです。クライアントの人生です。今の悩みさえ少し軽くしてあげられれば、またクライアントは自分の力で歩いていくのです。

こう考えると、カウンセリングは、ストレス解消法と一緒だと思いませんか。

三つめのポイントは、クライアントの今の苦しさを軽減する手段として、次の二つの手段があるということです。
①クライアントのもっている悩みの体系をダウンサイズすること
クライアントはある出来事を認識して、非常に「重い」さまざまなプログラムを立ち上げてしまいました。そのうちのいくつかを終了させることにより「軽い」ものにできれば、こころが軽くなります。
②快感を与えることで当面の苦しさをマスキングできること
マスキングとはおおい隠すことで、平たくいえばごまかすことです。

私たちは何か苦しくて悩みごとがあると、自然にこの二つの方法を試みているのです。

カウンセラーはどのように支援する？

さて「カウンセリングは（問題解決ではなく）ストレス解消法の一つだ」ということを理解していただくために、「悩みとは何か」という非常に大きなテーマで考えてきました。

次は、私の定義のもう一つの要素、「カウンセリングは、クライアントの感情や思考の整理を手伝うことにより」という部分を考えてみましょう。

カウンセリングがストレス解消法であるなら、どうやってストレスを解消するかという方法論です。

ある人が悩んでいる。その人を支援するには、直接的に助けてもいいし、守ってあげてもいいし、その人に代わって問題解決を考えてもいい。お酒をおごったり、一緒に温泉旅行に行くことでもいいでしょう。いろんな支援の方法があるのです。

でも本書で伝えようとしている支援、つまりカウンセリングの支援の方法は、少し違います。それは端的にいうと、クライアントとの面接を通じて、クライアントのもっている重いプログラムをより軽いプログラムに変える支援をする、つまりダウンサイジングするという方向からの支援です。

Aさんの解決パターンで見てきたように、下位プログラムのダウンサイジングは、悩みの解消にとって非常に重要な作業です。

それではどのようにすれば、このダウンサイジングを支援できるのでしょうか。

一般的に考えると、パターン6のように「ある画期的な一言で、新たな視点を与える」ことが考えられるでしょう。確かにそのような斬新な切り口が提示されて、いわゆる「目からウロコ」状態で、世の中の見え方が変わるなどということはよくあることです。

だから私は、カウンセリングの3原則に「アドバイス・どう?」を入れているのです。

しかしこの3原則は重要なものの順番に紹介してあります。アドバイスは重要な技術ではありますが、「三番め」の技術なのです。それよりももっと重要なものがある、というわけです。読者の皆さんにはもうわかっていると思いますが、それは第1、第2原則です。

第1、第2原則は、クライアントにダウンサイジングをもたらすために、クライアントそのものの、自然治癒力を利用しようとしているのです。

悩みに対する自然治癒力を活用する

これまでに紹介したように「人はエネルギー消費を大変嫌う」傾向があります。このことは、人間の行動のすべてに影響を与えているといっても過言ではありません。

たとえば、私たちは「意味のない仕事」や「本来他人がやるべき仕事」をさせられると、大変腹が立ちます。それは意味のない仕事が、エネルギーの無駄づかいになっているからです。

太るのが嫌でも、人はエネルギーを蓄え、きたるべき飢餓に備えようとする。それが自然の流れなのです。だからダイエットは難しい。

さて、悩むということは、プログラムが増殖し、重くなり、それによって大きなエネルギー消費があるということを示しています。この状態で人のエネルギー管理システムは、できるだけ無駄なエネルギーを消費しないように動き始めるのです。

つまり、悩み（苦しみ）という視点から見ると、悩みを解消する方向で自動的に動き始める、自動修復プログラムのようなものなのです。悩みの自然治癒力と言い換えてもいいでしょう。

人によって解決パターンはさまざま

Aさんの例でもわかるように、人には人それぞれの解決パターンがあります。悩みの解決を支援しようとするとき、第三者が考える原因・結果への解決法を示したとしても、その人（クライアント）にぴったりくる解決法になるとはかぎりません。

たとえば、Aさんの場合にはヒントとなった「ピンチは、ちゃ〜んす」の台詞や絵も、Bさんにとっては何の発想の手助けにもならないかもしれないのです。

一方で、エネルギー管理システムに導かれる自動修復プログラムは、もともと下位プログラムをダウンサイジングする方向ではたらき始めているので、その個人（クライアント）なりにヒントとなりそうなことを、積極的に発想するのです。それはもしかしたら、他人から見たら不自然な発想であったり、突飛な発想であるかもしれませんが、悩んでいる本人にとっては、そう考えることで非常に楽になる発想なのです。

このように悩んでいる人が、その悩みの体系のダウンサイジングに成功しそうなヒントを見つけたとき、その人の感覚としても「ひらめき」の感覚があります。それと同時に、こころが軽くなるのを実感することもできるでしょう。これを私は「スパーク」と呼んでいます。

ある条件を整えていくと、スパークが生じます。すると、これまでの重い下位プログラムが瞬時に軽いプログラムに変わってきます。それはまるで、積み上がったテトリスの壁が一気に消えてしまう、そんな感覚です。

そうです。つまり私たちカウンセラーは、クライアントの中でスパークが生じることを支援すればいいのです。

⚜つぼみたちへ　自然治癒力の存在

私がこのクライアントのもつ自己治癒力を強烈に意識し始めたのは、フォーカシングとＥＭＤＲという手法を使うようになってからです。

それまでも、クライアントによって問題の解決方法が異なることは十分意識していました。しかし、通常のカウンセリングでは、言葉を媒介にするので、その変化にカウンセラー自身がやはり相当部分かかわっているものだと、過大評価していたのです。

しかし、この二つの手法を上手に活用すると、カウンセラーの積極的介入がほとんどなくても、クライアントは「勝手に」自分のこころが軽くなるような発想やイメージ、納得にたどり着いていくのです。あとで楽になった理由を聞いてみて、カウンセラーが予想していたのとまったく異なる納得に至っているのに、びっくりしたり不思議に思ったりしたものです。

そこから私は、人が自然にもっている「楽な考えに移行する性質」を信じ、それを活用するようなカウンセリングを始めるようになりました。

ただし、このフォーカシングやＥＭＤＲも魔法の技術ではありません。それをだれが使うかによって、大きな差が生じます。どのような技術を使おうと、本書で紹介する3原則やメッセージコントロールができる人が、やはりうまい使い手であることにまちがいありません。

ダウンサイジングが起きる条件

さてそのダウンサイジングとは、どのようにすれば生じるのでしょうか。

どんな刺激でもダウンサイジングが起こるかというと、そうでもないのです。秘密の手順がある。そこがプロのプロたるゆえんです。

私は、カウンセリングを三つの段階に分けて考えています。

①クライアントが安心し問題に集中できるこころの環境づくり（安心ゾーン）

クライアントはたくさんの不安を抱え、基本的には対人恐怖をもっています。これ以上傷つけられたくないという、ビクビクした心です。

まずは、そのこころを安心させます。安心できなければ、自分を守ることだけに意識が向き、問題と冷静に向き合えません。新しい柔軟な発想は生まれないのです。

だから安心ゾーンがない状態でいくら話をしても、何の効果もないのです。

実は面白いことに、このゾーンをつくるだけで、クライアントが満足することが多いのです。先ほどまで青い顔をしていたクライアントが、カウンセリングで話しているうちに、何の具体的解決策や〝ひらめき〟がないにもかかわらず、なぜか安心して、これからもやっていけるような気になる。

これはクライアントを苦しめていた、不安のプログラムが停止し、エネルギー消耗が抑えられ、冷静になれたからです。ダウンサイジングの一つの形です。

②クライアントが自信を回復し問題そのものに集中できるこころの環境づくり（集中ゾーン）

安心を与えた後は、クライアントの自信を回復する支援を行ないます。自信が回復すると、問題そのものと正面から取り組む勇気がもてるからです。

ところがクライアントの中には、安心ゾーンに落ち着き、人に依存し守ってもらうような雰囲気になって、逆に頭がはたらかなくなってしまう（休んでしまう）場合もあります。

クライアントがうつ状態のときなど、そのままカウンセラーが「任せておいて」と、その後の対応を直接的にアドバイスしたり、受診などの対処を進めることもあります。

しかし、もしまだそれほどエネルギーを消耗していないにもかかわらず、安心ゾーンに落ち着いてしまうクライアントには、どうすればよいでしょう。

そのようなクライアントには、若干の緊張感を与え、頭をフル回転させる環境づくり（話のスピード、言葉の意味の確認、書く作業など）をする必要があります。

車のエンジンは、空気とガソリンの霧をタンクの中に圧縮します。すると非常に発火しやすい状態になるのです。そのタイミングで、小さな火花を与えます。すると爆発して、ピストンを動かします。

集中ゾーンは、自信が回復し、スパークしやすい環境です。空気とガソリンをぎゅっと圧縮している状態をつくるのと同じです。人でいうと、風呂に入っていたり、トイレに入っているときに、ふとひらめくことがある。そんな環境のことです。

③スパークするための刺激を与える作業

スパークするためのヒントを与えます。スパークしやすいヒントには、「意図性が少なく、距離が離れすぎていない」という要素があります。

ゾーンの快感とスパークの快感（図3）

苦しみは、プログラムの消費するエネルギー低下によってもたらされるとすれば、苦しみが終わる感覚（ある種の快感）は重いプログラムがダウンしたときに生じます。エネルギーの消耗が終わる快です。

ゾーンに入るということは、いくつかの警戒や不安のプログラムがダウンするということで

図3　ゾーンとスパーク

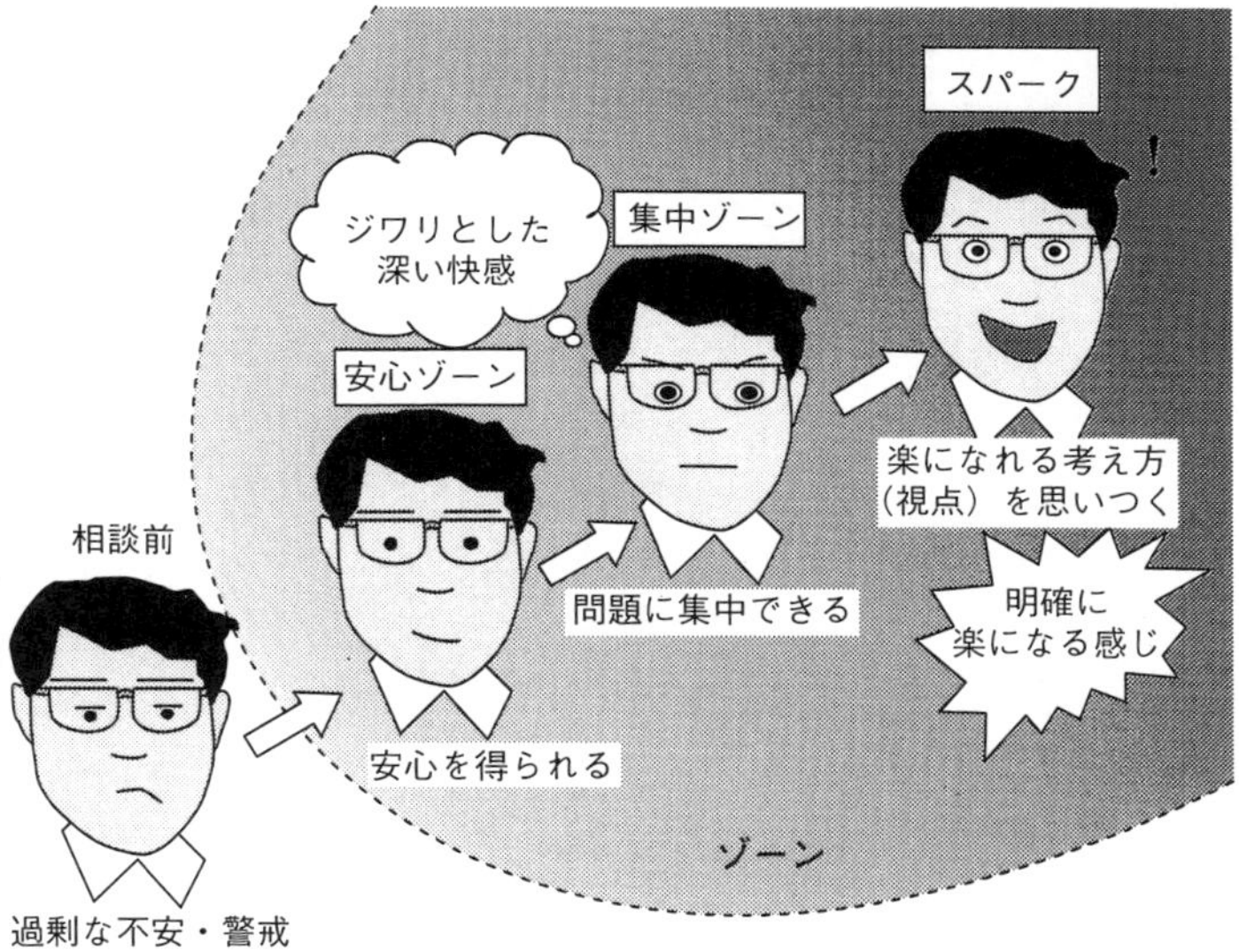
スパーク
!
ジワリとした
深い快感
集中ゾーン
安心ゾーン
楽になれる考え方
(視点) を思いつく
相談前
明確に
楽になる感じ
問題に集中できる
安心を得られる
ゾーン
過剰な不安・警戒

す。そのようなプログラムは徐々にその警戒度（エネルギー消耗度に比例）を低下させます。そのため、ゾーンに入り、ゾーンが深まることによる快感は、ジワリと感じる快感です。

さらにゾーンが深まり、頭がはたらくようになると、たくさんのプログラムが一気にダウンするような発想の転換が生じる可能性があります。これがスパークです。ゾーンの快感に比べて、エネルギー消費が一気に解消されるので、快感もはっきりしたものです。こころが軽くなる感じです。息が吸えるようになったという体感で表現する人もいます。

しかし、だからといって、ゾーンの快感が下級であるとか、小さいものだというわけではありません。むしろ安全・安心の感覚に直結しているので、深い快感です。良いカウンセリングを受けると、スパークが生じなくても、大変居心地がよく、その場を離れがたい気分になります。それが病みつきになって、カウンセラーに依存したり、恋愛感情をもってしまう原因になることさえあるのです。

⚜つぼみたちへ　カウンセリングの定義

本レッスンでは、カウンセリングの定義について考えてみました。定義というと、何か「真実」のような響きがありますが、定義したほうが実践がうまくいくからそうしているだけのことです。つまり定義することが、上手なカウンセリングをするための一つのコツだから、定義にこだわったのです。

私の定義では、カウンセリングイコール問題解決ではないということを強調してきましたが、では問題解決するといけないのでしょうか。

そんなことはありません。問題が解決すれば、苦しみがなくなります。うるさい上司が問題（ストレス）である場合、その上司がいなくなったり、言動を変えてくれれば、それで問題解決です。ですから、一般的にはその上司に対してどうアプローチするかという方法論、たとえば、本人にどのように苦情を訴えるか、その上司の行動を変えるために会社のシステムをどう利用するか、などの具体的な方法について考えることが、クライアントの支援になると考えるでしょう。これが問題解決を意識したアプローチです。

このようなサポートでクライアントが満足すれば、それはそれでいいのです。ところが私の経験では、そのようなアプローチではなかなかクライアントに元気を与えられない。うまくいく確率が低いのです。

そこで、本書で紹介するような「思考と感情の整理を手伝うことにより、クライアントに元気を回復してもらう（ストレスを解消してもらう）」アプローチを紹介したのです。

では、私のアプローチでは問題を解決しないのでしょうか。そうではないのです。

問題とは、トラブルそのものではなく、それを抱える人の能力（感じ方）とのバランスで決まるものです。同じことでも、ある人は「大したことない」と感じ、他の人は「大変困ったことになった」と感じます。後者の人だけがそのテーマを「問題」と感じるのです。

私のアプローチは、テーマそのものだけを考えるのではなく、まず本人のエネルギー（自信）を回復（強化）していこうというものです。これがうまくいくと、結果的に今のテーマは「問題」でなくなります。つまり、私のアプローチも結果的に問題は解決するのです。

レッスン４のまとめ

悩みとは、ある事実認識によってたくさんの重い（エネルギーを消耗する）下位プログラムがぶら下がっている状態です。それによってさまざまな感情（不安や恐怖）やエネルギーの過剰消費が発生しています。それが苦しいのです。

下位プログラムがゾーンやスパークによってダウンサイジング（軽量化）するとき、人は悩みから解放されます。その支援をするのがカウンセリングなのです。

ダウンサイジングが生じやすくするために、まずクライアントの過剰な不安を取り除きます（安心ゾーン）。次に、集中して問題を考えることができるようクライアントの頭を活性化させていきます（集中ゾーン）。最後にスパークのための刺激を与えていきます。

安心ゾーンと集中ゾーンは別物ではありません。質が違ってくるだけで連続しています。いずれにしても、クライアントの頭の中で「こころが軽くなるような発想」が生じやすい状態をつくるのです。

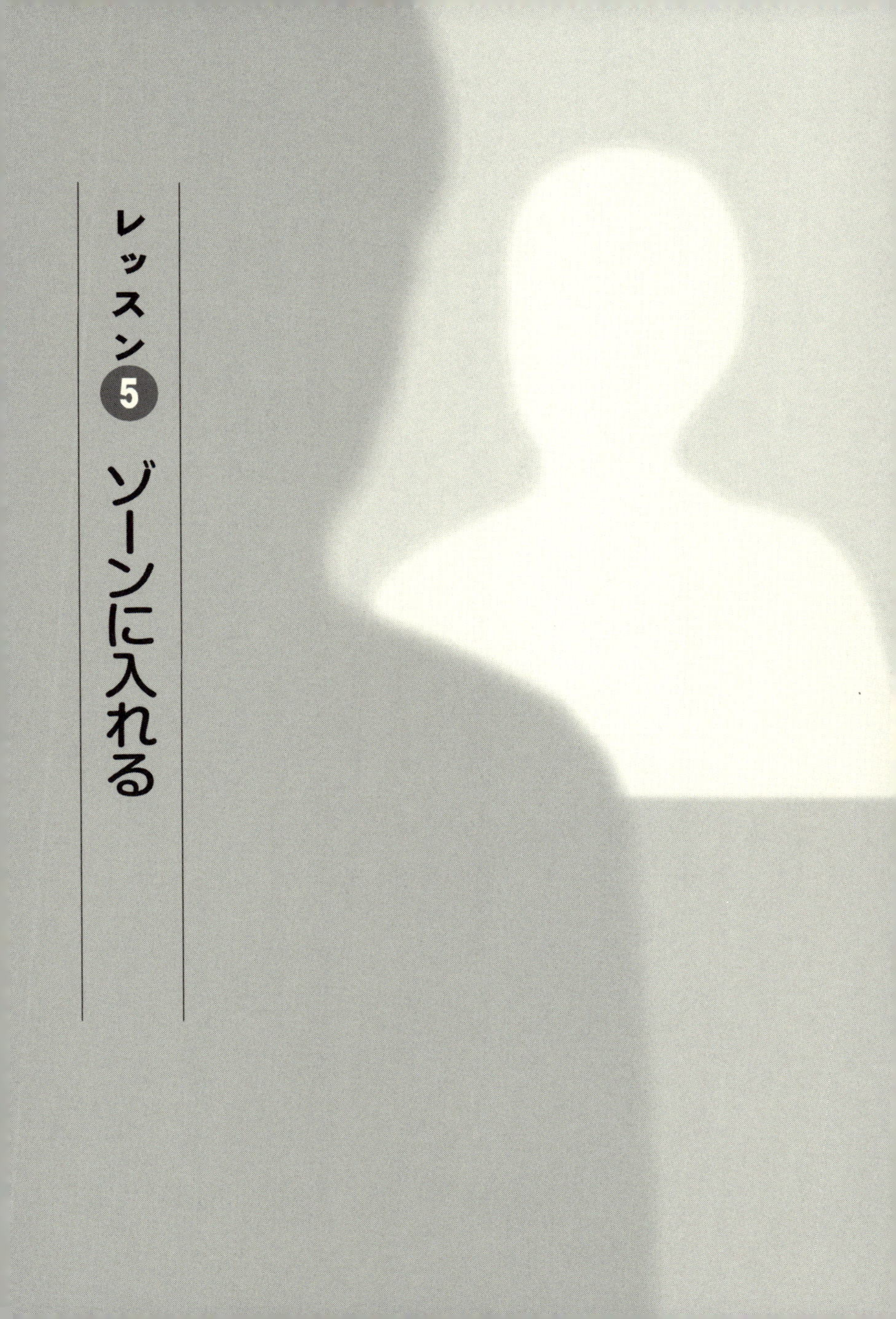

レッスン5 ゾーンに入れる

悩んでいる人は…

さて、あなたがカウンセラーであれ、友人の相談を受ける立場であれ、あなたのもとに訪れる人（クライアント）は、いったいどのような「人」なのでしょうか。

まずは孫子の兵法でいう「敵を知り」について考えてみようということです。

一つめは、「人は悩むとどういうふうになっていくか（悩んでいる人の行動や思考の傾向）」ということです。これも私のクラスでよく議論してもらうテーマです。

もう一つは「相談に来る人は相談すること自体に、どのような不安を抱えているか」という課題です。

これは、思考訓練です。次の頁をめくる前に、必ずあなたが紙と鉛筆を使って書き出してみてください。

一〇一～一〇二頁に、授業でよく出る回答を載せておきました（表5、表6）。もちろん、すべての人に当てはまるわけではありませんが、皆さんの前に座っている相談者（クライアント）は、多かれ少なかれそのような傾向をもっている人だということです。

表5　悩んでいる人の行動や思考の傾向

- 無口になる
- 人とのかかわりをもちたくない（人を避ける）
- 自分が人の迷惑だと感じる
- 不眠・悪夢
- 言い訳ばかりする
- アドバイスを受け入れない
- 元気がない・胃が痛くなる
- 食欲がない（逆に過食）
- 感情の起伏が激しい
- なげやり、やる気がなくなる
- 暴力的になる
- うまくいかない感じ。悪いほうばかりを考える
- 現実逃避（問題を考えない）
- ぼーっとしている
- 気分の波がある
- 元気に見せる、一人になると落ち込む
- 周囲には思い込みで悩むように見える
- できないのに仕事がほしい
- 攻撃的になる
- ひきこもる、一人になりたい
- 会社に行きたくなくなる
- 自分が責められているような被害妄想
- すべてのことがいやになる
- 独り言が多い
- 楽しめない
- あることが頭から離れない
- 些細なことでも死にたくなる
- 涙もろくなる
- 酒・たばこ、ギャンブルを止められない
- 悩むことを止められない

どうしてそうなるのか

さて、この思考訓練で考えたことは、非常に重要なことになります。カウンセリングではよく「クライアント中心主義」なんて言葉が聞かれます。言い換えればお客さん中心主義です。ここで考えたことは、そのお客さんの性質です。

ここで、そのお客さんの表面的な特性だけではなく、どうしてそのような特性があるのかまで深く考えることは、さらにあなたのカウンセリングの質を高めるでしょう。

表6　相談するときの不安

・相談内容をわかってくれるか心配	・相談しても仕方ない
・バカにされる	・噂話にされたくない
・相談者に迷惑をかける	・自分が弱い人間だと思いたくない
・甘えるなと怒られそう	・くよくよするなと一喝されそう
・弱いと思われたくない	・自分の汚点をさらけだすのが怖い
・人事評価が悪くなる	・相談者との信頼関係
・相談する元気がない	・うそを言っていると思われる
・うまくしゃべれない	・精神科に行ったら？　と言われそう
・聞いてもらえない	・忙しいからと断られそう
・明るい人だとついていけない、わかってもらえそうもない	

なぜアドバイスを受け入れられないのか

悩んでいる人は、うつ状態に近くなっている可能性があります。うつ状態とはエネルギーが底を尽きかけている状態です。その中でさらに「行動せよ」と迫られるわけですから、なかなか「はい」と言えないのです。あとで紹介する対人恐怖もあるので、表面上は「わかりました」と答えても、なかなかそのアドバイスどおりに行動を起こせないことが多いのです。その結果アドバイスをしたほうは、「あの人に何を言っても、自分で動こうとしないからダメ」とその人の性格のせいにしてしまいます。

どうして悪いほうにばかり考えてしまうのか

悩んでいる人は、不安のプログラムがはたらいています。不安のプログラムは将来の危機を予測するためのプログラムです。楽しいことが予測されてもそれに対して準備をすることはありません。だから危険なほう、命を失う恐れのある方向のシミュレーションを続けるのです。

つまりそもそも、「相談する人」イコール「不安に思う人（不安のプログラムがはたらいている人）」イコール「悪いほうばかりに考える人」なのです。しかし相談を受けた人は、「そもそもそういう考え方だから、問題が悪化する」と考えてしまいます。

どうして自己弁護ばかりするのか

否定的な考えばかりもって、人のアドバイスも受け入れない相談者に対して、相談を受けた人は、「この人の性格が問題の原因だ。性格を変えることを指導しなければ……」と考えてしまいます。するとそれは、まずこれまでの相談者の行動や判断を否定して（攻撃して）、相談者に反省を求める行為に陥りがちです。この本を読んでいるあなたがそうだといっているわけではありません。あなたの前に座っている相談者（クライアント）は、ここに来る前にすでに何人かの人に相談をし、自分のことを否定され、傷ついた状態で、今ここにいるのです。これ以上傷つきたくない。だからびくびくし、あなたの一言に対しても自己弁護する傾向があるのです。

安心ゾーンに入れる

それでは、一般的にそのような傾向をもつクライアントに対して、あなたはどのような対応をすればいいのでしょうか。

まずは、びくびくしているクライアントに落ち着いてもらわなければなりません。それには、少なくともあなたがクライアントのことを「攻撃しない」ということを明確に伝える必要があります。

このことは本書で何度も強調している、メッセージコントロール（カウンセラーが発するメッセージをコントロールすること）をするということです。

ここで攻撃しないというのは、単に非難しないということではなく、「あなたのこれまでの戦いをダメだ、と言わないよ」ということなのです。「私は、あなた（クライアント）の味方だから、あなたのことを非難しないよ」と伝えるのです。

あなたを本当の味方（少なくとも敵ではない）だと感じることができたなら、クライアントは防御する意識をゆるめて、初めて問題そのものに対して関心を向けることができるし、アドバイスなどを素直に受け入れることができるようになります。これが安心ゾーンです。

クライアントを安心ゾーンに入れるには、次に説明する表現欲求と共感確認欲求を満たす作業を行ないます。

表現欲求・共感確認欲求を満たす

私は、カウンセリング教育をするとき、必ずこのエクササイズをします。それは「人はどんなときに、何を求めて、だれに話をしたくなるか」という思考訓練です。

「あなたが、自分の業務のことに関して皆の前で突然上司から注意された。そのときあなたはだれかに話をしたくなるはずである。だれにどんなことを話すだろうか。そのときその相手にどのようなことを期待しているだろうか」。まず、本を置いて、自分で考えてみてください。

グループ討議の結果は、だいたい次頁**表7**のようなものになることが多いのです。

この作業の次にさらに、「この登場人物（物）に対し、どのような順番で話をしたいか」を聞いてみるのも面白いエクササイズです。皆さんも少し考えてみてください。「話をしたい」優先順位みたいなものです。

大体、こんなストーリーになります。

「まず、自分と波長の合う同僚を酒に誘う。『すまん、今日は娘の誕生日なんだ』と断わられて、一人で行きつけの飲み屋に向かう。そこも閉店していた場合、しかたなく家に帰る。妻は話を聞くタイプでない。ついつい子どもにあたっている自分に気がつき、自己嫌悪となり、自分の部屋に閉じこもり、ペットや、ポスターに語りかける。それでも落ち着かなくて、車で海まで走

表7　思考訓練「上司に注意されたときどんな行動をとるか」

だれに	どんなことを話す	何を求めて
上　司	抗議・釈明	わかったと言ってほしい 謝ってほしい
先　輩	状況説明	どうすればよいか教えてほしい
同　僚	愚痴をこぼす	お前が正しい、上司が悪いと言ってほしい
部下や子ども	あたる	自分の優位性の確認
家　族	愚痴をこぼす	あなたが正しい、上司が悪いと言ってほしい
飲み屋のママさん	愚痴をこぼす	ただ聞いてほしい
焼鳥屋の親父さん	愚痴をこぼす	否定せずに聞いてほしい
ペット	愚痴をこぼす	ただ言いたい
海	「バカヤロー！」	ただ叫びたい

り、海に向かって『バカヤロー！』と叫ぶ。一晩眠って少し冷静な気持ちになって、先輩に話し、アドバイスを受け、勇気を出して上司に自分の考えを述べる……」

このエクササイズをすると、人が話をするということがさまざまな要求から構成されていることがわかります。

二番目のエクササイズで顕著に表われるのは、まず話をしたいという相手は、通常同僚なのです。それも気の合う同僚です。

「ひどいよな、何もわかっていないくせに、部下のせいにして」と例の上司を非難し、「お前は悪くない」と慰めてほしいのです。妻には「あなた、大丈夫よ。○○さん（上司）はまだ家も持っていないのに、あなたはこんな大きな家を持っているじゃないの。どうせ人気のない上司なのでしょう。そのうちに社長さんから飛ばされるわよ」と言ってほしい。決して、「日頃からちゃんとやってないからじゃないか」とあなたのことを非難するような同僚には話しかけないし、「あなた、家でもダメ男だけれど、会社でもダメなのね」と冷たく言い放つような奥さんにも打ち明けません。

要は、ただ話を聞いてほしいだけではなくて、自分の立場をわかってくれ、慰めてほしいのです。つまり共感と慰めです。

さて、それでは、飲み屋のママさんや焼鳥屋の親父には何を求めるのでしょうか。同僚には、うそを言ったらすぐばれてしまう。しかし飲み屋のママさんは、「そうー、マー君も大変なのね」とうなずいて聞いてくれる。そこで、自分はこんなに努力していたのに、上司はそのことには少しもふれないで……と、自分サイドのストーリー（言い分）を存分に吐き出すことができるのです。

その場では、少々オーバーに表現して、時にはうそまでついても、相手の同情や慰めがほしいのです。さらに、真剣に聞いてくれている、自分を主役としていてくれるという「大切に扱ってくれる態度」を求めています。

ペットに話をするのはどうしてでしょう。ペットは人間の言葉を理解しません。それでも人は話します。誰かにわかってもらいたいという欲求の最下層には、ただ表現したいという欲求が存在するのでしょう。人形、ポスターへの語りかけ、独り言、海に向かって「バカヤロー！」などはまさにこの表現したいというだけの欲求といえるでしょう。

このように考えると、人が話をしたいという欲求には、まず最下層に、「表現したい」という欲求があり、その上に「共感されたい」「大切に扱ってほしい」「慰めてほしい」という欲求があることがわかります。

その二つが満たされたとき、初めて少し落ち着いて問題への対処法に目が向きます。翌日先輩に相談したり、上司に直接抗議をしたりする行為に移れるのです。つまり表現し、わかってもらった後にようやく、「自己位置を確認したい」「自分で乗り切りたい」という欲求が現われてくるのです（図4）。

ヒナ鳥の話

どうして人は「話す」ことに関してこのような欲求をもつようになったのでしょうか。

ヒトは一対一では他の猛獣に勝てない。どうしても共同して生きてゆく必要がある。そのために言葉というコミュニケーションを発展させてきました。自分がピンチのときは、周囲の人にわかってほしい。そのためには、言葉を発したい。感情を表現したい、そのような欲求をもっているのだと思うのです。

たとえば、涙です。涙は、何のために流れるのでしょうか。目のごみを流すため？

涙は悲しいとき、つらいとき、痛いときに流れます。それはピンチをわかってほしいからだと思うのです。言葉をまだ十分に発達させていないヒトであっても、涙を流している仲間を見れ

図4　基本的欲求

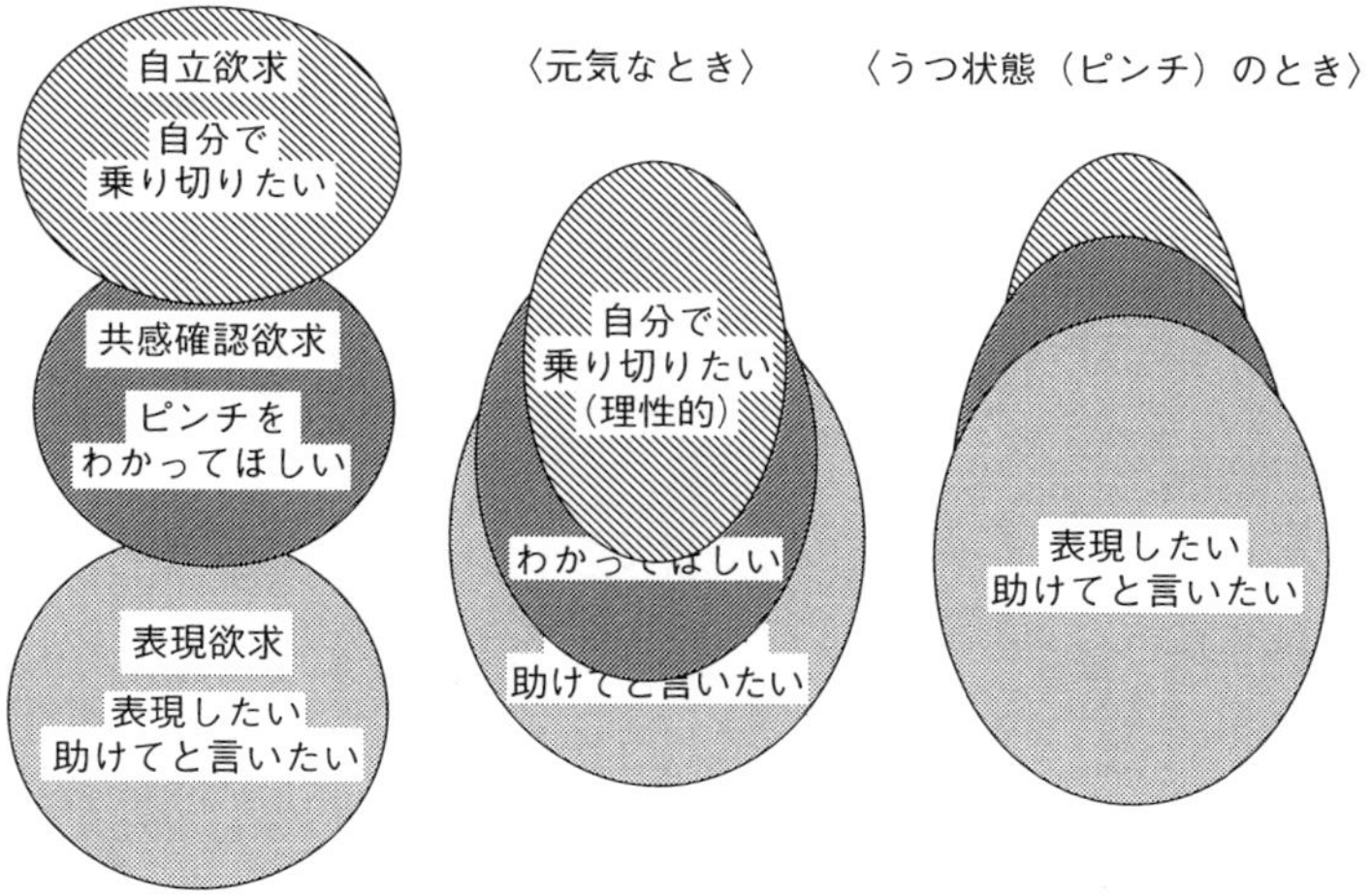
自立欲求
自分で
乗り切りたい
共感確認欲求
ピンチを
わかってほしい
表現欲求
表現したい
助けてと言いたい
〈元気なとき〉
自分で
乗り切りたい
(理性的)
わかってほしい
助けてと言いたい
〈うつ状態（ピンチ）のとき〉
表現したい
助けてと言いたい

ば、彼がピンチだということがわかり、彼を助けようとする。

だから涙は見ているものに共感を及ぼすように、われわれ人類に組み込まれてきたのです。

つらい人は自然に涙が出てくるし、それを見た人も自然にその人を助けたいと思う、そんなプログラムが〝個〟では弱いヒトを、厳しい自然との闘いや他の種との生存競争から生き延びさせてきたのだと思うのです。

ピンチになると、泣きたい。叫びたい。すると仲間が助けてくれます。その延長線上にピンチになると、話したいが位置づけられていると思うのです。

私はこれを「表現欲求」と呼んでいます。ペットに語りかけても問題解決になりませんが、この表現欲求は満足されるのです。大声で歌ったり、叫んだりして少しすっきりするのも、この欲求が満たされるからです。

さて、表現するだけでいいのでしょうか。私たちが先の問いで表現することよりも先に求めたもの、それは、共感して慰めてもらうことでした。

このことは、ヒナ鳥と親鳥のコミュニケーションを例にとるとわかりやすくなります。

鳥のヒナと親鳥の関係には、赤ちゃんと大人の差と同じぐらい大きなギャップがあります。親鳥は大空を飛び、自由にえさを求められますが、ヒナ鳥は巣の中にじっとしているだけです。

ここに五羽のヒナ鳥がいるとします。親鳥がミミズを一匹くちばしにくわえて帰ってきました。さて、五羽のヒナ鳥はどうするでしょうか。まず、大きな声で一斉に鳴き始めます。私はお腹がすいているということを表現したい、つまり表現欲求です。ヒナ鳥の中に「鳴きたい」というプログラム（欲求）がインストールされているのです。その鳴き声を聞いて親鳥は巣に隠れているヒナ鳥の居場所を知ることができます。どのヒナ鳥が生きていて、またどのヒナ鳥が一番えさをほしがっているかを知ることができるのです。ヒナ鳥の鳴き声やえささを求める姿は、親鳥にかわいい（育てたい、えさを与えたい）という感情を引き起こします。

さて、五羽のヒナ鳥のうちどのヒナ鳥が「私が、えさをもらえる。生きていける」と感じるでしょう。そしてそれはどの瞬間でしょう。

それは、親鳥とあるヒナ鳥の視線が合ったときです。

ヒナ鳥の「お腹がすいた」という感情を、親鳥が理解してくれた瞬間なのです。あるいは、五羽の中から自分が選ばれたという「大切にされたいという欲求」が満たされる瞬間でもあります。

視線を合わせられなかったヒナ鳥はこのとき絶望を感じるでしょう。過酷な自然の中では、「注目されない」は「食べられない」、そして「生きてゆけない」につながるのです。

ある中学校の先生が話してくれました。一人の不良学生徒が、生活指導の先生に廊下で注意されていたときのことです。たまたま通りかかったその不良生徒の担任が、二人を避けてその場をやり過ごそうとしたとき、それまで指導を受けていた学生が急にその担任の先生に殴りかかったというのです。

「どうしたんだ」

急に〝切れた〟その生徒に生活指導の先生が問うと、「あいつ（担任）俺のことをシカトしやがった」と答えたそうです。厳しく注意を受けることには耐えていた生徒でも、無視されることには耐えられなかったのです。

人にとってもヒナ鳥と同じように「無視される」ということは耐えがたい痛みなのです。その根底には、注目されなければ生きていけないという方程式があるからです。

この欲求が、「共感確認欲求」です。表現しただけでは不十分。「自分はピンチだよ」ということが確実に伝わったとき、つまり目が合ったとき、さらに強く「生きていける」と実感できるのです。

私たちカウンセラーは、ピンチの人に対し、まず表現欲求と共感確認欲求を満たしてあげる必要があります。この部分を上手に満足させてあげることができると、クライアントはここで紹介してきたゾーンに入り、ようやく冷静に現在の自分の状況を振り返ることができるようになるのです。

✤つぼみたちへ　よく受容的態度・共感的態度というが…

一般的なカウンセリング教室に行くと、まずクライアントのいうことを受け容れ、共感することが重要だと教えられます。

ところがなかなかこれが難しい。何に対して共感するかということがピンとこないからです。たとえば、昨日クライアントが友人を誘って、おいしいと評判のラーメン屋に行った。ラーメンがあまりおいしくなかった。そのラーメンの中から小さい虫が出てきた。クライアントはことを荒立てたくないとの思いから、虫を除いて食べ続けようとした。ところが友人のほうが店にクレームをつけた。クライアントは恥ずかしくなって、友人を制して店の外に出た。友人はそのことを怒って、それから口をきいてくれない、という話を聞いたとしましょう。

この話の中には、いろんな共感のしかたがあります。期待のラーメン屋に行くワクワク感、ラーメンがおいしくなかったという残念さ、虫が出てきたときの驚き、食べ続けようとしたといの葛藤、友人がクライアントのためにクレームをつけてくれた気持ち、それをクライアントから制されたときの友人の恥ずかしさと怒り……。

すべてのことに共感的態度を示すというのが正しい答なのかもしれません。しかしながら私たちは、本当に他人の気持ちになっては、感じることができません。相手もそれをうまく表現しているとはかぎりません。そこでカウンセラーとして落としてはいけない共感のポイントがあるのです。

それが、クライアントがどのように大変だったか、苦労したか、努力したか、という部分です（レッスン7の5メッセージの「苦しかったね」「がんばっているね」メッセージ）。

このとき、「だれが」という主語が大切です。「クライアントが」困った、苦労したことであって、決して友人が困ったこと、店主が困ったことに共感するのではありません。

たとえば右の例であれば、虫が出てきたときの葛藤部分（ことを荒立てたくないために、自分ががまんしようと「努力した」「苦労した」）、友人と仲たがいしてしまった困惑（友情が壊れてしまうかもしれないという不安を抱え「苦労した（している）」）などが、クライアントの「わかってほしい」部分、つまり共感のポイントになるのです。

また、若い私は人生経験がないからカウンセリングができないのではないですか、と質問されることがあります。

先に説明したとおり、共感がクライアントのもっている大変さや苦しさ、努力の状態を理解する作業であるとすれば、確かにそのことを経験していたほうが、共感しやすいといえるでしょう。

ところが、ここに落とし穴があります。たとえばあるカウンセラーは赤ちゃんを流産してしまった経験があります。そのときは大変苦しみ自分を責めました。そのカウンセラーが、同じように子どもを失ったという話をクライアントから聞いたとき、どうしても自分の経験のイメージが強く生じてしまい、相手もきっと同じような感じで苦しんでいると勝手に思い込んでしまいました。クライアントはそのことではなく、夫への不満を話したかったのに、カウンセラーの頭からはどうしても子どもを失ったつらさが離れなかったのです。

私などは経験がある話題こそ、自分の経験に過剰に影響されてはならないと、気を引き締めて話を聞くことにしています。

それでは、まったく経験のない話を聞く場合はどうすればよいのでしょう。

先に表現欲求と共感確認欲求の話をしました。経験がないのでなかなか共感のパワーを使うことはできません。ならば表現欲求を満たすことで、クライアントのこころを引きつけるようにはたらきかけるのです。知らないということは武器です。純粋な興味で、いろいろ質問して、クライアントからたくさん教えてもらえばいいのです。

もちろんクライアントの中には、その作業を面倒くさいとか周りくどいと感じる人がいるかもしれません。そのような人は、よりこの問題について経験のあるカウンセラーを探せばいいのです。しかし逆に、問題について何も知らないほうが話しやすいというクライアントも多いものです。年配の技術者が、若い女性のカウンセラーに対して一所懸命自分の仕事を話しているうちに、ひらめき（スパーク）が起こるなどということも、よくあるのです。

安心ゾーンをつくる具体的方法

相手との相談を始めるに際し、次のことを具体的に意識することによって、相談者の警戒心をゆるめ、頭のはたらきやすいゾーンの状態にもっていくことが可能になります。

それは、①相談を受ける雰囲気を整えること、②しっかりと事前の説明をすること、③5《ファイブ》ステップという表現方法を使い明確なコミュニケーションをこころがけること、の三つです。

①相談を受ける雰囲気づくり

あなたが何かを買おうとする場合でも、店の雰囲気や店に入ったときの店員の対応は非常に重要なポイントになります。不安を抱えるクライアントは、あなたがどのような態度で接してくれるかにとても敏感です。次のようなことに気をつけてください。

内密に落ち着いて相談できる場所

相談することを恥と感じている人は、第三者に見られたくないものです。またエネルギーが低下しているので、騒がしい場所などでは相手の声に集中できません。会話のじゃまにならないような軽音楽はいいでしょう。テレビやラジオのような、会話があるものは、注意が散漫になるので、消しておきます。

暑すぎる場所寒すぎる場所、座り心地の悪い椅子、第三者が頻繁に入ってきて会話が中断される場所なども避けるべきです。ファミリーレストランなどを利用する場合は、できるだけ隣の座席と離れている場所を選ぶようにしたほうがいいでしょう。

また、明るさも大事な要素です。バーのように暗すぎるのでは、相手の表情が見えにくくなります。ある程度の明るさは必要です。ところが、うつ状態のクライアントは明るすぎてもダメなのです。逆に落ち着かなくなってしまいます。

飲み物・軽食

飲み物や軽いスナックなどがあると相談者の警戒心も自然とゆるんできます。

「俺はアルコールを飲んだほうが相談を受けやすい」という人もいるかもしれません。

確かにアルコールは少々の不安を抑えることができるので、口を滑らかにします。ですから昔から、赤ちょうちんで愚痴を言い合うサラリーマンの姿がよく見かけられたものです。

私はお酒の場を全面的に否定するわけではありません。しかし私自身は、お酒を交えながら相談を受けることはありません。というのも第一に私自身がお酒に強くないからです。カウンセリングは技術です。酒を飲むとカウンセリングの技術が鈍ります。また、お酒の力によって、人の話を聞くよりも自分自身の言いたいことを言ってしまうことが多くなりがちです。宴席で上司の自慢話にうんざりしたことがある人が多いと思います。しかも、しつこくなります。

また最近の若者は、宴席で上司と同席することをあまり好まない傾向があります。ですから、相手の相談が深刻であれば深刻であるほど、自分も冷静に全力を尽くしてその人を支援するためには、お酒の力はむしろ借りないほうがよいと思います。

クライアントとの距離（どこに座るか）

クライアントの距離は近すぎず、遠すぎずというところが大切です。無理なく内緒話しができる距離です。ただし、うつ状態になると初対面の人に大変恐怖心を感じてしまいます。その場合、ある程度距離をとったほうが無難でしょう。

また、クライアントに対しどの位置に座るかについても悩むかもしれませんが、一つの基本として、机を挟んで四五度のポジションに座るようにしてみてください（図5）。

ただし、うつ状態の人は、先ほどから何回も触れているように、対人恐怖心が強くなっているので、正面に座るより、むしろ横に並んで、少し距離をおいて座ったほうが安心する人が多いようです。ただし、逆に横から攻められると恐怖心が強くなってしまうという人もいます。

そしてなによりも重要なのは、相手（クライアント）の反応をみることです。相手がちょっと引き気味の姿勢を示したら、それはあなたがちょっと近すぎるということですから、少し離れた座席にかわってみたり、少なくともあなたも上体を引き気味にして会話を進めてみてください。

逆に相手がよく聞こえないという素振りを見せたり、内緒話を要求するようなジェスチャーを

図5　カウンセラーの位置

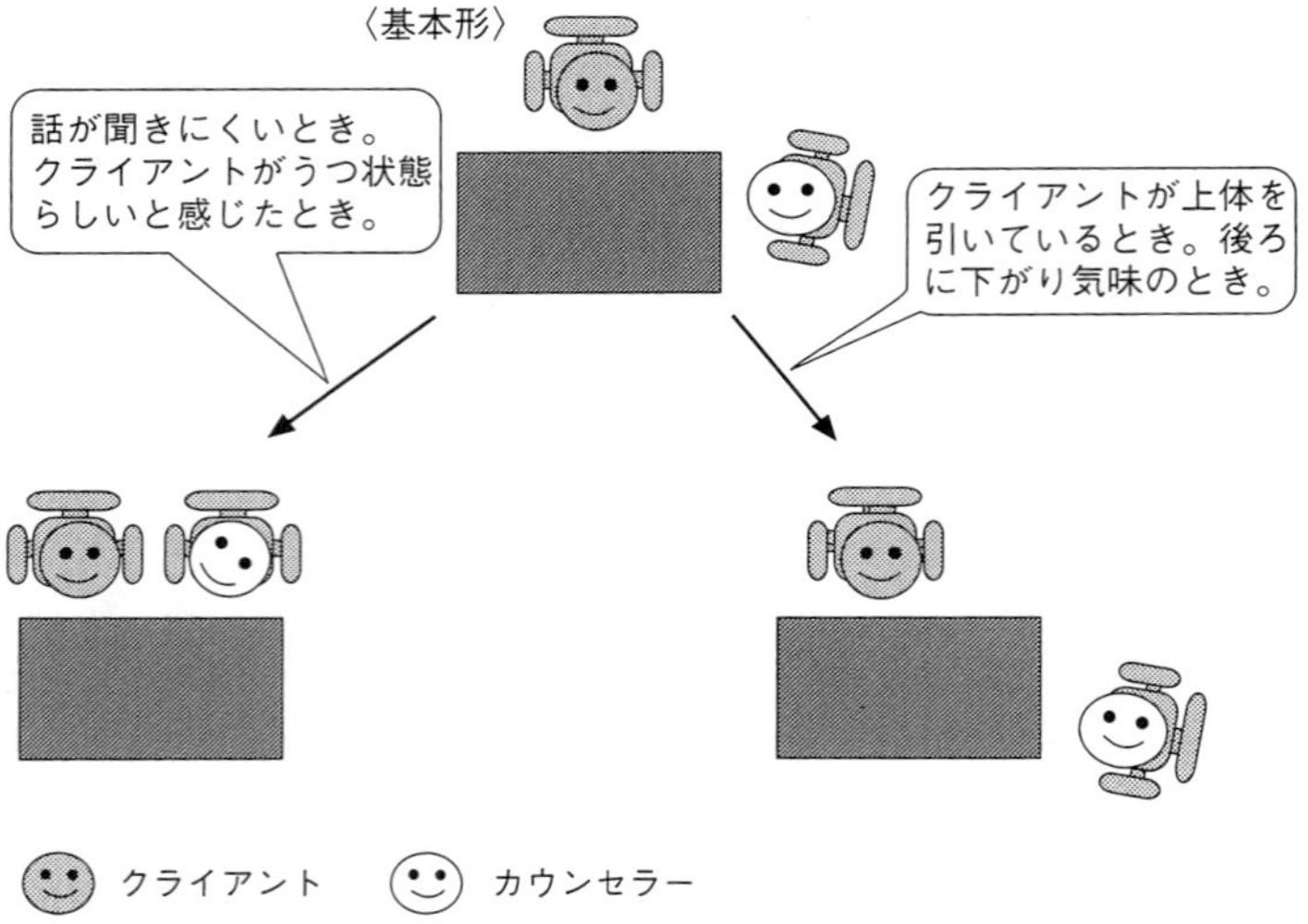
〈基本形〉
話が聞きにくいとき。クライアントがうつ状態らしいと感じたとき。
クライアントが上体を引いているとき。後ろに下がり気味のとき。
クライアント
カウンセラー

見せたら、もう少し近くに移動してあげてください。

✤つぼみたちへ
不自然な姿勢はやっぱり不自然

あるカウンセリングコースの四日目に、実技指導を依頼されました。前日までにカウンセリングの基礎的なことを教えてあると言います。早速ロールプレイを始めました。するとなぜかほとんどのカウンセラー役が、クライアントに対して斜めに座り、クライアントに近い方の膝の上に両手を組んで、上体を傾けているという、非常に不自然な姿勢をとっていたのです。

二回目のロールプレイでも多くの人がその姿勢をとるので、ロールプレイが終わったあと、私が「皆さん、同じようなこんな姿勢をしているんですが……」と少しオーバーに展示してみせると、会場から大爆笑が返ってきます。

「昨日の先生に、そうしろと教えてもらったんです」と一人が説明してくれました。

私は、昨日の先生には悪いなと思いながら「でも、やっぱりちょっと不自然ですよねぇ」とコメントすると、また会場から大爆笑です。受講者の皆さんもほとんどの人がそう思っていたようです。

おそらく昨日の先生は四五度の角度で座るということを、上体を四五度に捻ると勘違いして教えてしまっていたのでしょう。そして上体をクライアント側に倒し、祈るように両手を組み合わせていたので、大変きゅうくつな感じがするのです。いくら顔だけにこやかにうなずいていても、足は全然関係ない方向に向いています。

確かに、細かい姿勢の注意事項は重要でしょう。しかしもっと重要なのは、それ（姿勢全体）が相手にどのようなメッセージを与えるか、ということなのです。相手が警戒を解いて、「自分の話に熱心に興味をもってくれているな」と感じられるような、そんな姿勢を工夫してみてください。そのためには、自分の姿勢を鏡に移すか、ビデオで撮るかなど、工夫する必要があります。不自然はやっぱり不自然なのです。

相談する時間

相談できる時間は、あらかじめ相手に伝えておくのがよいでしょう。一五分しかない場合、相手がいよいよ問題の核心を話し始めたところで終わりとなり、逆に欲求不満を高めてしまいます。

私は、私の生徒さんたちには「二時間は聞くつもりで臨め」とアドバイスしています。一般的なカウンセリングでは、営利という関係もあり、一人だいたい一時間程度が基準となっています。

しかし、本当にその人の悩みを聞こうとすると、一時間はあまりにも短い。せめて二時間はあなた自身の時間を確保しておくべきです。あなたが三〇分程度で終わるだろうと無意識に思っていて、現実に相談が一時間以上になったとき、あなたのこころの奥底で「いつまで続くんだろう」「早く終わりにしたいな」などという気持ちが生じてきます。クライアントは敏感です。あなたのイライラをすぐ感じ取るでしょう。するとクライアントは、あなたに対し申し訳ない気持ちや、あなたから攻撃されはしないかという不安が生じて、ゾーンから離れてしまいます。良い発想は決して生まれてこなくなります。

あなたがもし二時間話を聞くつもりで腹をすえていれば、ほとんどの相談はひと区切りつくでしょう。

どうしても一時間しか取れないような場合は、あらかじめその旨を伝えておくべきです。そして時間になったら、これまでの部分を大要約（二九頁参照）して、できれば次に話を聞く時間や場所を決めて相談を終わりましょう。

つぼみたちへ　次のカウンセリングまでの期間をどう設定するか

初めてカウンセリングすると、次のカウンセリングまでの期間をどう設定するかに悩みます。

何か期限付きのテーマで悩んでいるとき（たとえば、三日後には、離婚の話し合いをするというとき）は、その前にいろいろ頭を整理しなければならない。あなたに時間的な余裕があるのなら、連続でカウンセリングしてもいいでしょう。

一般的なカウンセリングルームなどでは、一～二週間の間をあけることが多いようです。病院の通院パターンを応用したものらしく、さまざまな人に聞いても、一週間あけることの意味を説明してくれた人はいませんでした。

私自身は、カウンセリングだけを仕事としているわけではありません。自分の仕事をやりながら、ある程度時間を自由に設定してカウンセリングの経験を積んできました。さまざまなパターンを試してみた結果、自分の性格や、生き方、人間関係などに関するテーマの場合、やはり一週間以上おいたほうがよいという結論に達したのです。

カウンセリングの中で、生き方の整理や、人間関係改善のヒントに気がつくことがあります。スパークです。その瞬間に苦しみはだいぶ軽くなるのです。ところが、そのプログラム変更は、実生活でそのまま連続使用できるかどうか、まだ確かめてはいないのです。

たとえば夫婦問題で悩むクライアントが、「自分の気持ちをしっかり伝えていないから、夫も私の気持ちがわからないんだ」とスパークしたとしましょう。そのときは、それでうまくいきそうな予感がして、先が見えた感じがします。

ところが、実際家に帰っていろいろ試してみるけれど、相手のあることです、なかなかうまくいかない。また、自分もその生き方ではどうもきゅうくつ(自分の気持ちをすべて表現するのは、わがままを言っているようで、逆に自己嫌悪になってしまう)だと感じることもあるのです。

このように、生き方や人間関係を扱う場合、毎日カウンセリングするより、一週間ほど実践で試して、クライアント自身が問題意識をもって次のカウンセリングに臨むほうが、次のスパークの可能性が高まるのです(ただし、同じ人間関係でも虐待のように毎日が疲れ果ててしまう場合、一週間試すなどという悠長なことはいっていられません。あくまでもケースバイケースです)。

筆記について

「カウンセリングするときはノートを取るのですか」ということをよく聞かれます。私は基本的にはカウンセリングのときは、ノートを取りません。病院などのカウンセリングでは、医者とカウンセラーがカルテで連携しなければなりませんし、医者やカウンセラーがクライアントを「治す」という基本姿勢があります。だからクライアントの発言内容をしっかり記録する必要があるでしょう。

ところが私のカウンセリング現場では、カウンセリングとはクライアントに安心感を与え、ひらめきを起こすための手伝いをするだけです。私が問題を解決するわけではないので、クライアントが話した情報を私が覚えておく必要はないのです。もし私が忘れていたとしたら、もう一回話してもらえばいいのです。その作業を通じてゾーンに入ってもらえば、良いカウンセリングになっていきます。

ただ、あとで説明しますが、筆記するという作業を要約の一部としてうまく活用することは、ゾーンからひらめきに至る過程を大変うまくサポートします。そういう意味で、紙と鉛筆は積極的に使っています（一三五頁、ライティングカウンセリング参照）。

携帯電話について

私はカウンセリングに入る際に、自分の携帯（電話）はもちろん、クライアントの携帯の電源を切ってもらうことがよくあります。というのも、せっかく問題に集中してゾーンにいるときに、通話やメールなどでたびたび中断されると、良い発想が生まれる確率が低下するからです。しかしクライアントの中には非常に不安が強く、携帯の電源を切ることに強い抵抗がある人もいます。その人には、カウンセリングを進めていくうえで、携帯が自分の思考の整理のじゃまになると本人自身が気づくまで、辛抱強く付き合っていくことになります。

⚜つぼみたちへ　何時にカウンセリングをするか

時刻という要素も重要かもしれません。昨今はやりの、「がばいばあちゃん」の名言の中に「夜は悩むな、明るくなってから悩め」というものがあります。

私はこれは、大変理にかなっていると思っています。夜間は不安のプログラムが大変活性化するのです。原始人にとって夜間というのは、猛獣に襲われる可能性のある大変危険な時間帯。とくに自分が弱っているときには襲われる危険がいっそう高まります。だから眠らずに警戒を高めておく必要があるのです。それが不眠です。

つまり、もともと夜間は不安が強い時間帯なのです。

ですから同じクライアントなら夜間に相談を受けるよりも、昼間カウンセリングしたほうが、スパークする確率が高いでしょう。

ただし、クライアント本人の悩みが深く、相談をしたいと感じるのはむしろ夜間帯のほうが多くなるのは否めません。「いのちの電話」の二四時間体制で対応するボランティアの皆さんの努力には大変頭が下がります。

戦略の誤りは、戦術では補えない

戦略の誤りは戦術では補えないといいます。つまり大元で誤った選択をしてしまうと、現場でいくら善戦してもなかなかいい結果が出ない、ということです。

ここで紹介した雰囲気づくりの細部は、カウンセリングの教育の中でも、どうしても「わかった、わかった。それより技術を教えてくれ」と、あっさり流されてしまう内容です。

ところが、これが戦略部分なのです。どうカウンセリングするかという戦術部分がどんなにうまくても、騒音が激しく話すのに疲れたり、逆に隣に人がいて落ち着いて話ができない状況なら、まったくカウンセリングにならないのです。初心者は、どうしてもこの環境づくりに意識が向きません。

先日、あるクライアントに「どうしても」と依頼され、東京駅でカウンセリングすることになりました。地方の方だったので、東京駅で乗り換えの二時間の間話を聞いてほしいとの要望でした。

私は、約束の一時間前に駅に行き、どこなら落ち着いて話せるだろうかとカウンセリングの場所を探し回りました。喫茶店や待合室、どれも一長一短です。結局、あるホームで話を聞くことにしました。そこには、移動式の椅子が置いてあり、それを自由に配置できました。特急専用のホームだったので、人もほとんどいない。観葉植物も置いてあり、人目につきにくいコーナーを占領すれば、こちらからも人の動きが目に入りません。自動販売機も近くにあり、飲み物も確保できます。

そこは思ったとおりの場所で、クライアントも落ち着いて相談できたようです。

戦術部分は大切で、確かにしっかり練習してほしいと思います。しかし経験が増すほど、戦略部分での失敗を避けることに大きな注意とエネルギーを使うということを覚えておいてください。

②事前の説明

プロのカウンセラーでない人が、友人の相談を受ける場合、あらたまって「私はこういうふうにあなたの相談を受けます」などと説明をする必要はないでしょう。またそんなことをしたら逆に、相手もあなたも緊張してしまうかもしれません。自然に相談に入っていけばいいのです。

しかしいくら友人だとはいえ、その人（クライアント）の心理状態を考えれば、「いつもはいい人なんだが、こんなことを打ち明けたら、もしかしたら非難されるかもしれない」という恐怖心を抱いていることもあるのです。そこで、相談ごとが始まったならば、（これから相談ごとをしようという雰囲気が見えたら）「まとまってなくてもいいから、全部話していいよ」と言ってほしいのです。

こう言うことで、クライアントは要点を絞って上手に話をしなくてもいいんだという気持ちになります。また、何を言って、何を隠すかという選択もしなくてもいいのです。また言外に「あなたの話をさえぎらないよ」というメッセージも伝わります。

つぼみたちへ　事前説明をしっかり身につける

あなたがプロを目指すなら、この事前説明は大変重要な項目になります。

あなたが初めてフィットネスクラブに行ったとしましょう。そこで何の説明もなかったらどうでしょうか。あなたはしばらく入口のあたりでウロウロした後、「ここは私の来る場所じゃないな」なんて一人で納得して帰ってしまうかもしれません。

やはり、このクラブにはどのようなスタッフがいて、あなたの要望に応えるために、どのようなシステムが用意されて、どれぐらいの費用がかかるのかなどの説明がほしいものです。

美容院に行ったって「今日はどうなさいますか」と必ず聞かれます。いきなり髪を切られることはないでしょう。

あなたはプロとして、クライアントに対して自分ができることを説明し、相手の望むことを聞き、どのようなオプション（カウンセリングの進め方）があるかなどの情報を提示すべきです。またカウンセリングをより効果的に進めるための注意事項なども、このとき説明したらいいでしょう。

具体的には私は、初めてのクライアントに対し次のようなことを説明します。

「こんにちは、私はカウンセラーの下園です（さらにカウンセラーとしての経歴や専門などに関する簡単な自己紹介を続けます）。私は基本的には、話をしてもらっている間にあなたの頭に良い発想が浮かびやすくなるような支援をするようにしています。私はほとんどの場合あなたの話を聞く立場で、時折質問をしたり、私なりの意見やアドバイスをしていきます。カウンセリングの進め方はあなたと私で話し合いながら進めていきますが、とりあえずはそのスタイルで始めてみましょう。

このカウンセリングが効果的な時間になるように、いくつかお願いがあります。

私はストレスや悩み、心理的な問題などのプロです。しかし、あなたのことは今日初めて会ったばかりなのでまったく知りません。あなたはあなたのプロです。私が言うことが一般的には正しいことでも、あなたという個人にはピンとこないこともあるでしょう。そのときは「あなたのプロ」であるあなた自身が積極的に意見を言ってほしいのです。問題解決に際して、私が中心であなたが受け身になることは決してありません。二人の共同作業でようやく問題[*注]が解決できるのです。

とくに、あなたのこころの中にわき起こる気持ちや感情を、積極的に私に話してくれれば、私もプロとしていろいろなお手伝いができるでしょう。もちろんここで話をしていただくことは二人だけの秘密で、ほかに知られることはありません。だから人の悪口でも、ネガティブな発想でも何でも言っていいのです。むしろそういったことをこころの中にためておくと、ストレスが大きくなってしまいます。私をごみ箱だと思って嫌な感情も吐きだして、ここに捨てていってください。

とくに私に対して、あるいは私がやることに対して「嫌だな」などと感じたら、それはそれであなたのこころに関するとても重要な情報なので、ぜひとも私に教えてほしいのです。たとえば私のこういう口調が嫌であるとか、もっと積極的に質問してくれないと取り残された感じがする、などのように、どんどん意見を言ってほしいのです。

それでは、どんなことなのでしょう。まとまっていなくてもいいですから、全部話してみてください」

*注：一般の人には「気持ちを話す」と言うより、問題解決と言ったほうが話しやすくなる場合が多いので、あえてここではこの言葉を使っています。

最初に必ず説明しなければならないわけではありませんが、できるだけ早い段階で伝えておくほうが、誤解を避けることができます。少々のトレーニングが必要ですが、すぐに自分のものにできるでしょう。

③ 5《ファイブ》ステップ（「うなずいて」のステップアップ）

環境をつくり、最初の説明が終わったら、いよいよクライアントの話を聞くことになります。ここからがカウンセリングの具体的な技術が問われる場面です。

基本的にはレッスン1～3で学んだ3原則を実施すればよいのですが、ここではさらに、「クライアントとダンスを踊るための5ステップ」を紹介しましょう。

会話は、ダンスのようなものです。ダンスは二人の息が合わないと、うまく踊れませんし、楽しくもありません。リズムやテンポが合って、相手と呼応した動きができるときに、踊り自体に集中できるのです。そこで私たちがダンスの練習をするときには、リズムを合わすためのステップから練習します。そのステップを踏みさえすれば、初心者でも比較的うまく相手に合わせることができるからです。

カウンセリングにおいてダンスのステップに当たるものが、カウンセラーの表情パターンだと思っています。レッスン1では、うなずきの部分で「興味津々」と「納得」のメッセージ（表情）の出し方を勉強しました。ここでは、それらを含めた五つのステップを学びましょう。

（表８つづき）

ステップ	メッセージ	動　作
④納得	「言っていることのイメージをつかめたよ」 「理解できたよ」	大きくうなずく。目はやや大きく。「あ～」「う～ん」「ほー」という発声 （これまで断片的だった話が、一つのまとまりやイメージとして理解できたことを表現する。感情面のイメージが理解されたときは、同感・共感となる）
⑤共感	「そうだよね」 「わかる、わかる」 「それでしょ。その感じでしょ」	やや乗り出し、大きなうなずき。 間髪を入れない相槌。やや口が開く。 呼吸が合ってくる。うれしさの表情混じるときも。自分のことを話したくなる。もしそれが陰性の感情（悲しい、怖い、寂しい、つらい、大変だった、焦った、困った、苦しい……）である場合は、それに応じた表情になる （これらの陰性感情にしっかり共感のメッセージを返せると、それが「苦しかったね」「がんばったね」という重要なメッセージに発展し、安心ゾーンを深める）

これらを、相手の話にうまく呼応させながら上手に出すことができれば、クライアントはとても心地よく話をすることができるようになります（**表8**）。

トレーニング

①鏡のトレーニング

顔が大きく写る手鏡を準備する。**表8**を参考に、鏡の前で表情をつくり、自然な表情を練習する。

自分の姿をビデオカメラで撮ると、より客観的な印象（メッセージコントロール）を確認できる。

レッスン⑤　ゾーンに入れる

表8　5ステップ

ステップ	メッセージ	動　作
①興味津々	「聞いているよ」 「もっと教えて」 「それで」「なるほど」 「それから」	乗り出す姿勢。目を見開く（らんらん）。 小刻みなうなずき。開かれた質問、うなが し質問
②驚き	「ビックリ」「マジ!?」 「うっそー」 「ほんとに？」 「すっげー」	のけぞる。もっと見開く。口半開き。 息を呑む。うなずき止まる。その後、 興味津々につながる
③疑問	「良く理解できない。 もっと教えて」 「今考えているよ」 「本当かな（疑い）」	〈考えている様子バージョン〉 すべての反応が止まり、一点を見つめる。 口がとがる。何か言いたい口で止まる 〈やや疑問が大きいバージョン〉 首かしげ、眉ひそめた感じで、動きが一 端止まる。止まったまま、目が泳ぐ 〈疑問がもっと大きいバージョン〉 首かしげが強く、顔が横を向く。うーん、 えーという声とともに長い吐息。目がさら に強くひそめられるか、左右のアンバラン スが強くなる （この表情は、相手が話したくなくなる）

大根役者を意識する。

②桃太郎トレーニング

表2（一二～一三頁）の右の欄に書いてある相槌メッセージを、表情（うなずきと相槌だけ）で出せるように練習する。

まず鏡の前で、次にはビデオカメラ、うまくなったら、だれかに桃太郎を語ってもらい、その言葉を聴きながら相手にどんなメッセージが伝わったかを、一つひとつ確認する。

③テレビに向かって表情をつくる

インタビュー番組やトーク

番組で、だれかが話をするときに、その話に応じた表情をつくりながら聞く。
テレビでその話を聞いている人のリアクションの大きさ、迅速さなどをまねてもいい（ただし、表情だけ。つっこみや会話は、学ばない）。
④ロールプレイ
実際に友人や家族と話をするときに、表情をつくる練習をする。相手の反応も観察する。

⚜つぼみたちへ　安心ゾーンとラポールの関係

一般的なカウンセリングでは、クライアントと信頼関係をつくる作業を「ラポールの形成」と表現しています。これは本書で紹介しているゾーンとどう違うのでしょうか。

行なっている作業は、ほとんど同じだと思っていただいて結構です。ところが私があえてラポールという言葉を使わないのは、日本で使われている「ラポールの形成」という言葉に、問題解決をするための準備段階というニュアンスが含まれていると感じているからです。

ところがゾーンは、それを満たすだけでクライアントにエネルギーを与える力があります。私はゾーンづくりを単なる手段ではなく、目的の一つと認識しているのです。

集中ゾーンに入れる

ある程度の時間を一緒に過ごし、5ステップで話を聞いていると、クライアントが非常に話しやすくなってきます。安心ゾーンができあがったことを示します。それは同時に集中ゾーンにも近づいていることを意味します。安心ゾーンと集中ゾーンは、連続、あるいは重なっているものなのです。

集中ゾーンとは、これまでの考え方から違う考え方へ容易に移りやすくなっている状態です。その状態をつくり出すために、まずクライアントの自信を回復させるようなメッセージを与えていきます。自信がある程度回復し、問題に目を向けられる心理状態になったとき、何らかの刺激やヒントがあると、新たな気づき（視点やストーリー）が生まれ、楽になることができます。

集中ゾーンの状態をうまくつくれると、ほんのちょっとしたことでも、こころが明るくなるような気づきが生まれます。逆にゾーンでない状態で、いくら良いヒントを与えても、なかなかスパークしません。

これまでの技術で、ある程度クライアントをこの集中ゾーンに入れることができるでしょう。さらに集中ゾーンを深めるには、①自信を回復させるメッセージを与える、②要約・質問で頭の整理を手伝う、③5《ファイブ》バランスで集中しやすいモードに入れる、の三つの技術を使います。

集中ゾーンをつくる具体的方法

①自信を回復するメッセージを与える

「無理もないよ」と「善戦しているよ」の二つのメッセージを与えます。メッセージについては、レッスン7でくわしく説明します。

②要約・質問で頭の整理を手伝う（「要約・質問」のステップアップ）

テーブル広げ（大要約の一つ）

これまでの紹介した技術を使って話がある程度展開したなら（大体三〇分ほど聞いたら）、頭を整理する意味で、今日話した内容を最初からすべて要約しなおす作業を行ないます。この要約のことを私は「テーブル広げ」と呼んでいます。

クライアントは様々なテーマを話しました。感情的になっているクライアントは自分の話の部分部分はよくわかっていても、全体的なつながりを十分意識していないことが多いのです。そこで、「今日はこれこれこういうことを話しました。あなたはAをBと理解しているわけですね。だからCと感じています。一方DはE、Fという制約があって、今のところG、Hという選択肢で悩んでいる……ということですね」というようにすべてを一気にまとめて見せるのです。このように短時間でこれまで話した要素を目の前に広げられると、話しているうちには気がつかなかったAとHの関連が見えてきたりすることがあります。

ＫＪ法というカードを使った思考法がありますが、それを口頭でやるようなものです。これは大変効果的な技術です。このテーブル広げを要所要所で行なうことで、これまでの話をカウンセラーが十分理解して聞いていることが伝わります。またカウンセラーが要素と要素の関係を、言葉を補って（右の傍線部）簡単に説明することにより、クライアントの頭の整理が促進されます。

また、全体の流れがカウンセラーのとらえ方とクライアントの考えていることとで違う場合、それを修正する良い機会にもなります。一つの修正は、クライアントとカウンセラーがよりわかり合えたという実感をもたらします。

ライティングの要約（事実と感情に焦点）

ここまでの作業を進めるときに、もう一つ私が勧めるテクニックがあります。それはクライアントの話している内容や感情の要素を、紙に描きながら、その紙を二人で見ながら話を進めるというテクニックです。私はこれを「ライティングカウンセリング」と呼んでいます。

このライティングカウンセリングは、もともとセルフカウンセリング（自分で自分の悩みを整備する方法）として考案したものです。しかし通常のカウンセリングにおいても大変効果があるので、紙と鉛筆テーブルなどが利用できる場合は積極的に活用すべきでしょう。

方法は簡単です。

クライアントの発言を、まとめて言葉にしたり、キーワードを書き抜いたり、登場人物の関係性を図にしたりするのです。そうするとその図を作成する作業を通じて、クライアントのほうが「そこはそうじゃなくて、これと関係するんです」などと参加してくれることもあります。言葉だけではわかりにくい関係性や感情を、キーワードや線で紙に書くことによって、カウンセラーとクライアントが共通の認識をもちやすくなるのです。と同時に、クライアントの頭には、スパークしやすい状態が生じます。

紙に書く作業や、言葉を繰り返す作業は、頭の中でゆっくりと集中しながら反復できるリズムをつくります。写経などが、こころの安定に効果があるのもこのためだと思っています。

また書かれていることは覚える必要がないので、関係性に思考のエネルギーを集中することができます。また紙と鉛筆なので、適当に線を入れたり消したりすることができます。数学の図形の問題で補助線を入れるようなもので、新しい思考が生まれやすくなるのです。さらに対人恐怖の強いクライアントなどは、カウンセラーとの会話だけだとなかなか緊張が解けないことがあります。そのようなクライアントでも、図のほうに視線を集中させると、緊張が解け、頭がはたらきやすくなるのです。

表9　5バランス

1. 話すスピードとリズムのバランス
2. 話すことと聞くことのバランス
3. 方法論と感情のバランス（自力か他力か）
4. 「緊張・不安」と「リラックス・安心」のバランス
5. 記憶・想像と現実のバランス

③ 5《ファイブ》バランスで集中しやすいモードに入れる

カウンセラーがゾーンやスパークを意識したかかわりをもつときに、とくに注意しなければならない五つのバランスがあります（表9）。

1 話すスピードとリズム

これまでも解説してきたとおり、ゾーンやスパークを誘発する「頭の環境（状態）」と、話すスピードやリズムは大変密接に関連しています。

もしクライアントが、あまりもゆっくり話していると、先ほど話していた内容といま話している内容が頭の中でなかなか関連づけられません。一方あまりにも早く話しすぎると、一つひとつの言葉がおろそかになって、冷静に語るというより感情に飲まれてしまうモードが続いてしまいます。

はじめのうちは、クライアント独自のスピードやリズムに合わせるべきでしょう。その後しだいに、徐々に中庸（適当）なスピードやリズムに、カウンセラーのほうが誘導していく必要があります。

2 話すことと聞くこと

基本的には、人は話そうとするときに頭がはたらきます。しかし話をするということは、同時に、相手にわかってもらいたいという感情を発動する作業なのです。どうしても、現実を見つめるというより、相手にわかってもらうための感情的な話になりがちです。そこで、時折聞くモードを混ぜ、冷静な頭の状態にしておくことで、新たな発想が浮かびやすくなるのです。

集中ゾーンで紹介したテーブル広げなどは、確実にクライアントを聞くモードに入れることができます。

ただし、カウンセラーの話しすぎは、絶対に避けなければなりません。経験の浅いカウンセラーがアドバイスを始めると、つい自分の説の妥当性をわかってほしいあまり、カウンセラーのほうがほとんどの時間をしゃべっているなどということが起こりがちです。

クライアントは、基本的には聞いているときより、熱心に話しているときのほうがゾーンに入りやすくなります。カウンセラーが刺激を与えようと必死になるあまり、クライアントの重要な話す時間を奪ってはなりません。ですからレッスン３で説明したように、アドバイスは短い間に終わらなければなりません。常にクライアントが時間的に多く話しているようなバランスをこころがけてください。

つぼみたちへ　沈黙について

カウンセリングの練習をしていると、下手なうちはリズムがまずくて相手の話を引き出せなかったり、縦掘りが下手だったりするために、会話が止まってしまうことがあります。カウンセラーもクライアントも、たいへん気まずい思いをします。

あるカウンセリングスクールでは、それを「沈黙」と呼び、沈黙はクライアントが話すきっかけとなるので、悪いことではない、などと教えていました。私に言わせると、単にカウンセリングの技術が未熟で、クライアントとダンスが踊れていないだけです。もちろん、あまりにも居心地が悪いのでクライアントが話し始めることもあるでしょう。しかしそれはクライアントに負担をかけているのです。そんなことをしなくても、うまく5ステップを使い、3原則にもとづいてカウンセリングをすれば、気まずい沈黙は避けることができるのです。「沈黙は金《きん》」などと言って、自分の未熟さを正当化しないでください。

もちろん、本当に上達してくると、クライアントが話すよりも自分の思考に集中する時間が訪れることがあります。それはゾーンに入ってスパークしている最中かもしれません。そんなときは、それをじゃませずに見守ってあげるバランス感覚が必要です。レッスン5までの技術がしっかりできたカウンセラーは、このような瞬間をまさに「沈黙は金」と呼ぶのです。

3　方法論と感情（自力か他力か）

次に気をつけるのは、話題が方法論になっているか、あるいはクライアントの気持ち（感情）をテーマにしているかというバランスです。カウンセラーが話すにしても聞くにしても、スパークの刺激を与えようとすると、どうしてもテーマが方法論に偏りがちになります。あまりにも方法論をテーマにしてカウンセリングが続いていると、それは「この問題は自分で何とかしろ（自力）」というメッセージをもってしまいます。そういうメッセージを与え続けられたクライアントは、「私は弱っているんだ。だれかに助けてほしいんだ。自分の力ではどうにもならないんだ（他力）」と訴えたくなってきます。それでもカウンセラーが方法論から離れないでいると、「カウンセラーにわかってもらえてない」と感じ、ゾーンから離れていきます。

そこで、方法論をある程度話したら、あるいはクライアントから感情の話が出てきたら、テーマを感情のほうに戻してあげる必要があります。そしてクライアントのつらい状況を十分に理解（共感）して、再び方法論に戻るのです。

4　「緊張・不安」と「リラックス・安心」

気をつける四つめのバランスは「緊張・不安」と「リラックス・安心」のバランスです。

始めのうちは、不安を抱えてしかも緊張しているクライアントを安心させることに意を注ぎます。ゾーンに入れる最初の手段は「私はクライアントを攻撃しないよ。私はクライアントの味方だよ」ということを示すことでした。

ところが完全にリラックスしてしまうと、逆になかなか頭がはたらきません。以前にもふれましたが、完全に他力本願であるとスパークする必要がないのです。カウンセリングの間はそれでよくても、現実に戻ると問題に直面し、また悩み始めてしまいます。できればこのゾーンを活用してもっと楽な考えにたどり着きたい。ですからカウンセラーは、クライアントを少しだけ、緊張した状態にとどめておきたいのです。

手順としてはまず、緊張しているクライアント落ち着かせるために安心させる作業を行ないます。ある程度それが成功したら、それ以上リラックスしすぎないように少しだけ緊張するような刺激を与えるのです。具体的には5ステップのうちの「疑問」のステップを使ったり、「それは、彼があなたを嫌いだっていうこと?」などと少しだけクライアントがどきりとするような要約や質問をしてみることです。また、「じゃあ、あなたから上司に相談を持ちかけてみたら?」などと、おそらくクライアントが受け入れられないだろうアドバイスをしてみることも一つの手でしょう。

もちろん、そのような刺激を与えた後は、相手を安心させるような方向にバランスを取ります。具体的には相手の感情を認め、「そうだよね。なかなかできないよね」などとフォローを入れるのです。

5　記憶や想像と現実

クライアントの話は不安の色に彩られることが多いようです。不安というプログラムは、もともと将来の危険を察知するためのプログラムです。ところがこの作業をするために、過去に危険なことがなかったのかという記憶の検索が行なわれ、現在も危険を示す兆候がないのかという警戒的な情報収集が行なわれています。

そのためクライアントの話すことは、過去の苦しかったことの思い出や、被害妄想的に思える現在の認識、あるいは将来に対する過剰に悲観的な見通し、であったりするのです。

もちろん不安そのものを具体的に表現することによって、表現欲求・共感確認欲求が満たされ安心していくという側面もあるのですが、それぱかり続けていては、なかなか前向きの発想のチャンスが訪れません。

そこで、クライアントの話が記憶や否定的な想像に偏る場合は、時々「そのことについて、会社はどう対応しようとしてるのですか」とか「そのことについて、お友だちはどう言っているのですか」「それであなたは、具体的に今どうしようと考えていますか」などと現実の物語に戻してあげる必要があります（もちろん、カウンセラーの関心が現実への対応にあるからといって、現実的な話ばかりをしていてもいけません。クライアント〔自分〕の気持ちをちっともわかってくれない、ということになるからです。あくまでもバランスの問題と心得てください）。

カウンセリングの流れの中での使い分け

これまでは、それぞれの単独の技術について説明してきました。

しかし実際のカウンセリングには流れがあります。その流れの中で、技術の使い方も変わってくるのです。ゴルフでは基本の打ち方があるでしょう。でも、坂での打ち方（つま先上がり、右足上がり）やバンカーでの打ち方など、工夫（応用）が必要になります。

また、料理と同じく、まず下ごしらえをして、火を入れ、盛り付けるというように、食材の状態の変化に応じて対処が変わるという流れもあります。

カウンセリングでも、まず安心ゾーンをつくる段階では、リズムを重視します。カウンセラーのリズムより相手のリズムのほうに合わせて話を進めます。リズムを崩す大きい要約は、あまり入れません。5ステップを使って大根役者的に大きくメッセージを与えます。

質問も、答えやすい閉じた質問から入り、相手が自由に答えられる開かれた質問に続けます。ところがある程度話してクライアントに安心感をもってもらったら、カウンセラーも自分のリズムを少し出して、クライアントの急ぎすぎや遅すぎを修正していきます。5バランスの調整です（集中ゾーン）。

要約も、普通の中要約から、テーブル広げ要約へ移行していきます。事実や感情をじっくり縦掘り質問で聞いていきます。ある程度話が深まった場合、横掘りをすることもあります。

また、クライアントの中には、安心ゾーンが心地よくて、そこに居着いてしまおうとする人もいます。あるいは、自分の感情に自分の言葉でさらに火をつけてしまい、表現すればするほど冷静さを失うクライアントもいます。怒りの強いクライアントや「話すことでのストレス解消」を非常に得意とするクライアントの中に、このような傾向がみられます。

もし時間がたっぷりあって、あなたにもこころの余裕があるのなら、聞き続けていれば、そのようなクライアントでも、いつかは自然に落ち着いていきます（話し疲れてしまうことによって、ブレーキがかかります）。

しかしそのパターンは、次のカウンセリングでも続いてしまいます。

このようなクライアントには、安心ゾーンのできあがりを感じたらすぐに集中ゾーンに移行するように、カウンセラーが意識するとよいでしょう。

相手の話のリズムを崩すようなうなずき（5ステップ）、中要約、早めの横掘り質問、「アドバイス・どう?」、テーブル広げなどを多用するとともに、5バランスを調整してみます。

刺激（ヒント）がなくても、自然発火（スパーク）することも

さて本レッスンでは、いかにゾーンをつくり、それを深めるかについて具体的な方法を勉強してきました。実は本物のカウンセリングでは、このゾーンづくりが全体の時間や努力の九五％を占めるものだと思ってください。

図6　ゾーンとスパークの関係

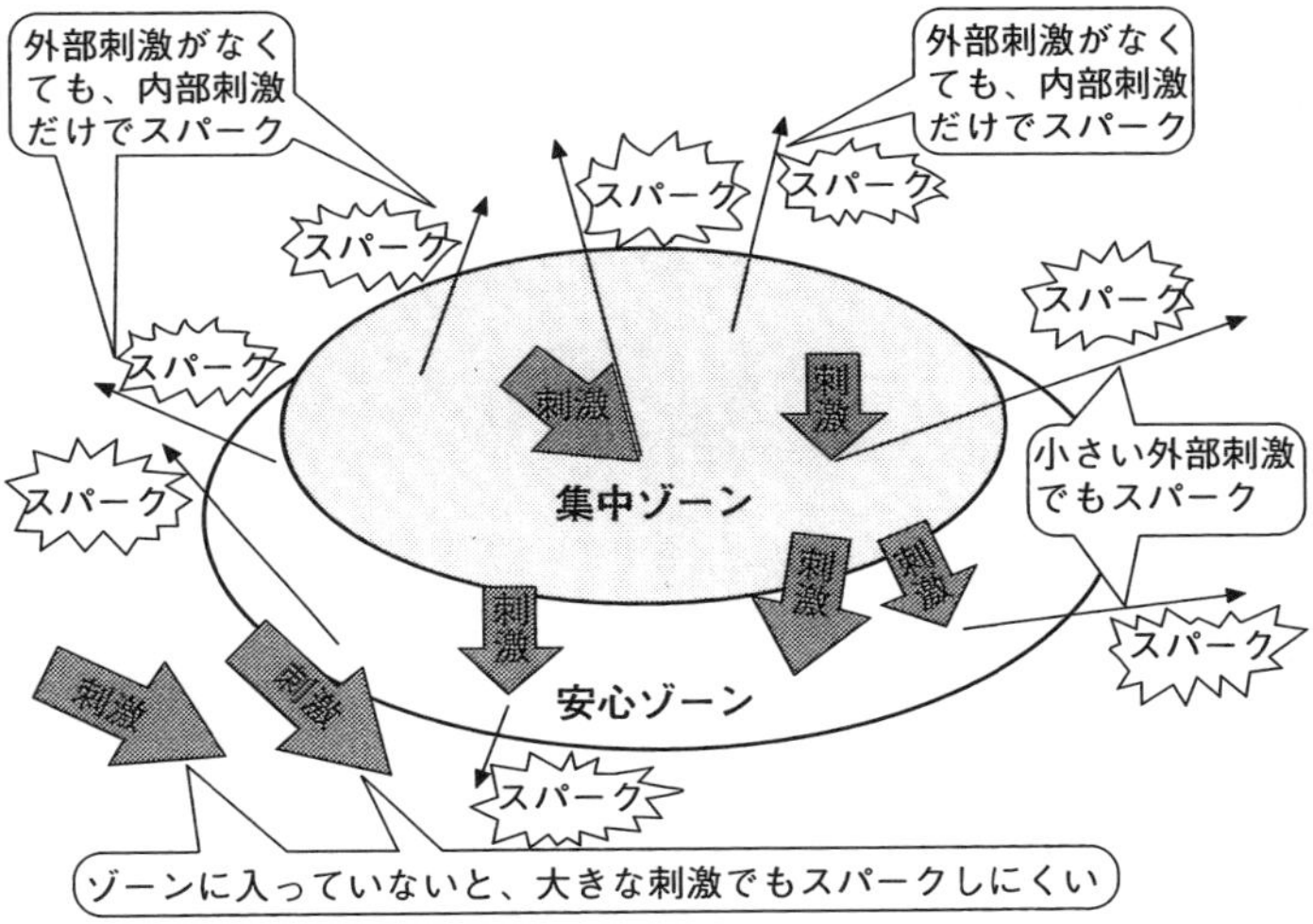
外部刺激がなくても、内部刺激だけでスパーク
外部刺激がなくても、内部刺激だけでスパーク
スパーク
スパーク
スパーク
スパーク
スパーク
スパーク
刺激
刺激
小さい外部刺激でもスパーク
集中ゾーン
スパーク
刺激
刺激
刺激
スパーク
刺激
刺激
安心ゾーン
スパーク
ゾーンに入っていないと、大きな刺激でもスパークしにくい

ゾーンに入らなければ、いくら良い刺激を与えてもなかなかスパークしません。逆にゾーンに入りさえすれば、外からの刺激がなくても勝手にスパークすることが多いのです（図6）。

またここでお話しした技法は、ゾーンづくりのためだけではなく、カウンセラー自身も気づかないうちに、スパークのための刺激も与えているのです。それは、カウンセラーとクライアントの理解が違うことから生じる、わずかな、自然な「ズレ」がもたらしてくれます。

レッスン6でくわしく述べますが、スパークするためにはあまり遠すぎる刺激は効果がありません。近い刺激が必要なのですが、近すぎては刺激自体になりません。ある程度のズレやブレが必要なのです。

これまで紹介した要約や質問の技法は、普通にやっていれば、クライアントとカウンセラーの間に必ず少々のズレ（微妙なニュアンスの違い、意味の取り違え、価値観の微妙なズレなど）が生じてきます。それがクライアントにとって新鮮な刺激となり、カウンセラーも気づかないうちに、クライアントが勝手に（?）スパークすることがあるのです。これが最も自然で美しい形のスパークといっていいでしょう。

このとき重要なことは、カウンセラーのほうが、スパークを意識しないということです。何らかの意図があると、それがクライアントに伝わり、かえって警戒され、ゾーンを崩すのです。カウンセラーが意図せず、自然体で返した要約の中の表現のゆらぎ、自然体の質問、それが、スパークに結びつきやすいのです。

ゾーンからスパークに結びつけるためのもう一つのコツは、事実をしっかり、時間をかけて丹念に聞いていくということです。

一般的なカウンセリングでは、感情に注目しなさいと教えられると思います。もちろん感情部分は共感し、カウンセラーがメッセージを出すために重要な部分です。しかし、実は事実部分というのは感情部分と同じか、それ以上に、ゾーンを深め、スパークする可能性を秘めているのです。

一つひとつの事実を大切にすることは、クライアントのおかれている状態をしっかりカウンセラーが理解しようとしているというメッセージを与えます。その作業を通じて、はじめてクライアントがいかに「苦しかったか」「大変だったか」「がんばったか」をカウンセラーが理解できるからです。つまり、安心ゾーンを深めるのです。また相談する人は案外、事実認識に思い込みがあるのです。丹念に聴かれることで、自分の記憶が整理されます。これで集中ゾーンが深まります。

縦掘り質問によって事実をどんどん深めていくだけで、クライアントがスパークして、「話していてわかりました。自分の思い込みだった部分があるんです。私から、行動してみます」と先が見えてくることも多いのです。

このように、ゾーンを深めるだけで自然にスパークするということは、とてもよくあるケースなのですが、このとき、カウンセラーにはなぜクライアントがスパークしたのかよくわかりません。すばらしいカウンセリングをしているにもかかわらず、「私はいったい何をしたんだろう。今回うまくいったのは単なる偶然だ」と自分を過小評価してしまいます。

本章（レッスン５）をよく理解し、自分が行なったのは「上手なゾーンづくりだった」としっかり認識して自信を深めてもらいたいのです。さらに、その自然なスパークを誘導した上手なゾーンづくりは、どの部分が良かったのかもしっかり復習しておいてください。

おばあちゃんの肩たたき

読者の中には、ご老人の話を聞かなければならないという人もいるでしょう。昔話を何回も聞かされる。これは、こころではしっかり聞いてあげようと思っていても、「またあの話か……」という思いが生じて、なかなか疲れる作業になります。

このような場合も、カウンセラー（話を聞く立場の人）の考え方を少し変えることで、楽に話を聞けるようになります。

まず、なぜ同じ話を聞くと疲れるのか、ということを考えてみましょう。

実は私たちは、話を聞くという作業を、無意識のうちに「自分にとってためになる情報収集」ととらえているのです。

私たち人間は、エネルギー管理システムによって動かされています。つまり同じ話は、ためにならない情報であり、無駄な時間、無駄なエネルギーを消費する時間と認識されるので、嫌な思いをするのです。嫌な思いをするのに、それをがまんして聞き続けていると、それは大変疲れてしまいます。

そこで、ご老人の話を聞くという作業を、別の認識でとらえればいいのです。

私は、ご老人の話を聞くという作業は、「おばあちゃんの肩をたたいてあげる」作業だと思っています。

私たちはおばあちゃんの肩をたたいてあげるとき、昨日もたたいたでしょう、などとは考えません。もちろん肩をたたく作業はあなたにとってもエネルギーを使う作業なので、忙しい時はできませんし、一時間以上続けることも難しいでしょう。

ご老人の昔話を聞く作業も、これと同じように考えればいいのです。同じことを話されても、そのことでご老人の表現欲求と共感確認欲求が満たされ、「肩がほぐれてゆく」のです。首を上下に振る（うなずく作業）は、手で肩をたたく動作と思ってください。

あなたがもし疲れたら、話の途中でもいいですから、「また今度続きを聞かせてね」と言って終わればいいのです。肩をたたいたときに、「また今度たたいてあげるからね」と言って終わるのと同じです。

⚜つぼみたちへ　受容できない話への対応

私がカウンセリングをするようになって大変苦しんだ問題が、受容できない・共感できない話を聞かなければならないという矛盾です。私もロジャースの理論を勉強しました。そこでは受容と共感が大切だと学んだのです。相手の話を無批判に受け容れ、相手の立場になって感じること。確かに重要なこころがまえだと思うのです。

でも、たとえば部下が上司であるあなたに、あなたの仕事の指示が悪いということを話し始めたとしましょう。本当にそのとおりだとあなたは感じられるでしょうか。

あなたの夫が、「君の子育てが悪いんだ」と話すとき、あなたはそれを無批判に受け容れ、本当に相手の感じているように感じようとできるでしょうか。

あるいは、「自分の嫌いなものを食卓に出す親は、私を愛していないんだ」という中学生の言葉に、どう対応すればいいのでしょう。

カウンセラーも一人の人間ですから、価値観があります。その価値観をひとまずおいて、相手の話を聞くことはできます。しかし直接的に自分を攻撃されたり、自分の生き方を否定されるような話を、「まったくそのとおりだ」と共感して聞くことなどできません。

一方でロジャースは、「自己一致」というこころがけも示しました。カウンセラーはこころで考えていることと表現することが一致していなければならないというのです。私はまったく混乱してしまいました。

嫌なことを言われたので、自己一致と称してそのままカウンセラーが嫌な顔をしたり、相手を傷つけるようなことを言ったりしたら、相手も緊張して良い発想が浮かびません。逆に嫌なことを言われて、それに完璧に同意するようであれば、カウンセラー本人の生き方自体に筋が通ってないということになります。

そこでたどり着いたのが、メッセージコントロールという考え方です。

私たちは神様ではないので、嫌な話を「心地よい話」と変換しては聞けないのです。それはそれで仕方がない。そのうえで、相手の苦しい状態をどう支援するか。それを考えたときに、相手に良いメッセージを与えること(悪いメッセージを与えないこと)を考えればいいのだと気がついたのです。

嫌なことを言われて、納得したという表情はできなくても、あなたの話をとりあえず聞いています、今は反撃しません、というメッセージを出すことはできます。

価値観が合わない会話の場合、あなたの価値観に同意しますという言葉や態度をする必要はない。かといって、君はダメだ、君の話は聞きたくない、君の話はよくわからない、私は君を嫌いだ、などのように、あからさまに相手を否定するメッセージを出す必要もないのです。中間のメッセージ、たとえば「私はあなたの話を尊重して聞いています。途中でさえぎったり、非難したりしません」というメッセージを出すようにコントロールしながら、話を聞くのです。このメッセージをそのまま言葉にするとしたら、やはり、あなたの心情と合致しない部分が出るでしょう。しかし、うなずきや中立的な要約を意識することならできるはずです。

もちろんロジャースのいうように、こころから相手を受容し共感できる人（場合）は、当然の結果として良いメッセージコントロールができています。しかしわれわれ凡人がその領域を目指すと、いつまでたっても到達できず、自己嫌悪に陥り、結果として他人を支援するチャンスをみずから避けるようになってしまいます。

われわれ凡人は、一〇〇点満点を目指すのではなく、まず七〇点の技術を身につけ、気楽な気持ちでカウンセリングに取り組んでみましょう。

レッスン5のまとめ

ゾーンをつくり、それを深めるための基本的な戦略は、表現欲求・共感確認欲求を満たすことです。事実やその時の気持ちを丹念に聞いていくこと、それがクライアントを安心させ、結果的に問題に集中するための勇気を回復させます。

安心ゾーンに入れるための具体的な方法には、相談を受ける雰囲気を整えること、事前説明、クライアントとダンスを踊るための5ステップの三つがありました。

集中ゾーンに入れるための具体的な方法は、自信を回復するメッセージ、要約・質問、5バランスの調整の三つです。

レッスン6 スパークを誘発する

クライアントをうまくゾーンに入れることができるようになったら、次はスパークのための刺激を与える作業に移ります。レッスン5で述べたように、この作業は必須ではありません。しかしながら、なかなかスパークしない、あるいはしにくいクライアントに対して、こちらが積極的にヒントを与えてスパークを誘導することがあります。

カウンセリングはこの部分になると非常にデリケートなやりとりになります。まさに実践でコツを会得してもらうしかない部分ではありますが、それでも私はカウンセリングを勉強しようとする人たちのヒントになるようなことをお伝えしていきたいと思います。

まず重要なのは、与える刺激の距離です（図7）

ある程度ゾーンに入ったこころはスパークの準備ができています。しかしあまりにも遠いところで刺激を与えても、そこまで火花を散らすことはできません。火花が飛んで新しい思考ルートができるには、今の本人の考えとそれほど違わない何らかの刺激を与える必要があるのです。どのような刺激が本人にとって受け入れられるか（スパークしやすいか）は本人もそのときまでわかりません。

結論としては、試行錯誤なのです。カウンセラーが「これならスパークするかも……」と思うような刺激を少しだけ与えてみる。それでスパークしなければ、あまり深入りせずに他の視点を試してみる。そういうことの繰り返しなのです。

このような刺激を与える具体的な手段としては、これまで紹介をした「要約・質問」「アドバ

図7　刺激とスパークの関係

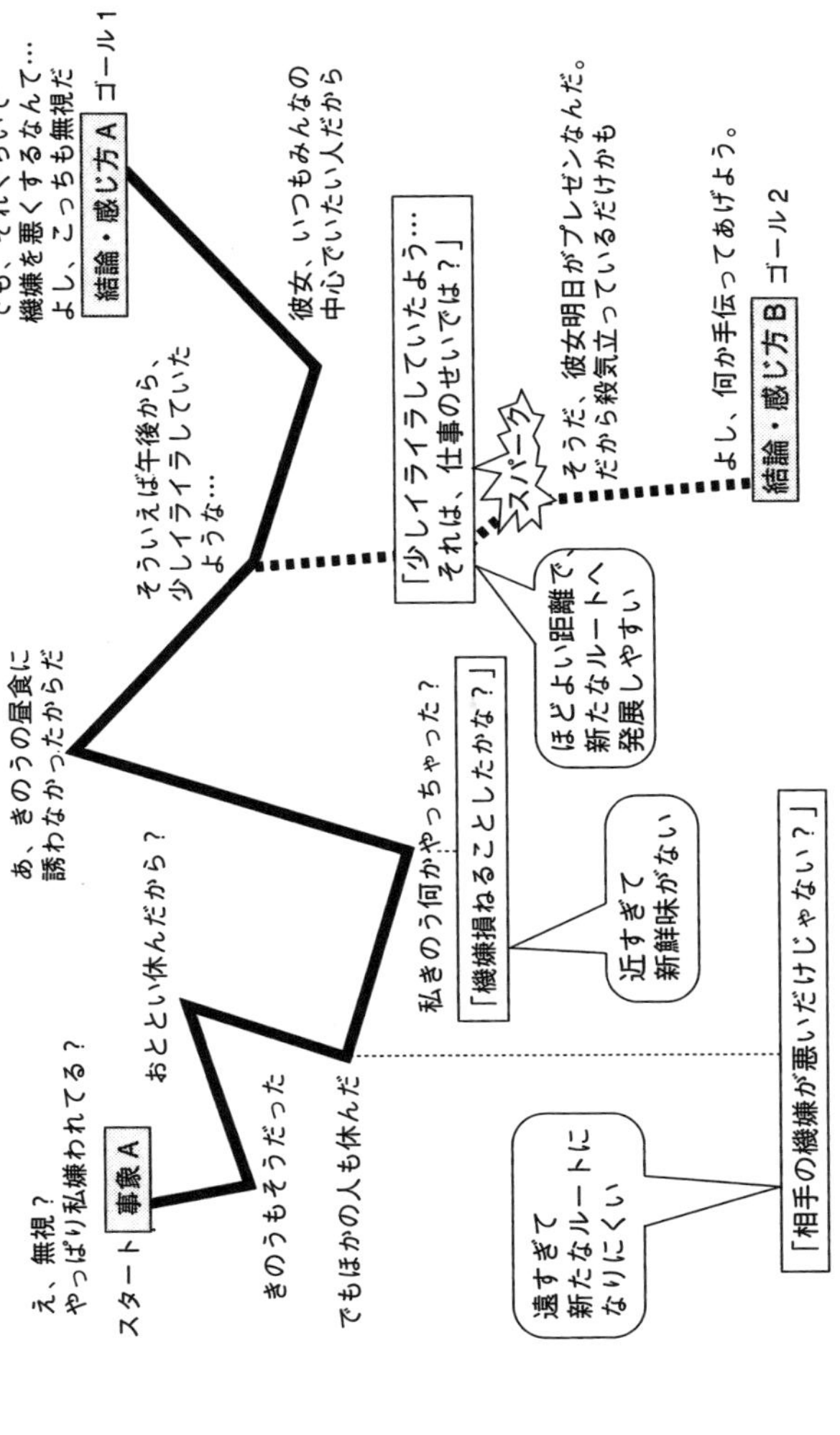
え、無視？
やっぱり私嫌われてる？
スタート
事象A
きのうもそうだった
おととい休んだから？
でもほかの人も休んだ
あ、きのうの昼食に
誘わなかったからだ
私きのう何かやっちゃった？
「機嫌損ねることしたかな？」
近すぎて
新鮮味がない
「相手の機嫌が悪いだけじゃない？」
遠すぎて
新たなルートに
なりにくい
そういえば午後から、
少しイライラしていた
ような…
彼女、いつもみんなの
中心でいたい人だから
でも、それぐらいで
機嫌を悪くするなんて…
よし、こっちも無視だ
結論・感じ方A
ゴール1
「少しイライラしていたよう…
それは、仕事のせいでは？」
ほどよい距離で、
新たなルートへ
発展しやすい
スパーク
そうだ、彼女明日がプレゼンなんだ。
だから殺気立っているだけかも
よし、何か手伝ってあげよう。
結論・感じ方B
ゴール2

イス・どう?」」などを活用していくことです。ところが、ここで難しいのは、このような手段がカウンセリングにとってマイナスの効果ももっているということです。レッスン7でくわしく紹介する「裏メッセージ」というものです。

アドバイスをされたりすると、それに対してクライアントは「そんなことわかってるのに、できない自分がいるんだ（できない自分を責められている）」とか「自分のことを能なしだと思われている」「自分の本当の苦しさをわかってくれていない」などと感じてしまいがちです。するとゾーンから離れてしまい、かえってスパークしにくくなります。

そこで、カウンセラーはスパークのための刺激を与えて、クライアントにそのような逆効果が現われたならば、すぐにゾーンに戻す作業に戻らなければなりません。

このようなバランス感覚が大変必要になるのです。

視点の提示

スパークのための刺激を与える方法として、これまで「要約・質問」、「アドバイス・どう?」」、5バランスの調整などを紹介しましたが、有効な方法をさらにいくつか紹介します。一つめは、「新しい視点を提示する」という方法です。

これまでの話はこういうふうに考えることもできるのではないかという、あなたなりの物語を話すのです。

たとえば、会社でいじめられている、と〝ひきこもり〟になっている社員に対して上司が、

「目の前の障害から逃げる奴は、一生逃げてばかりいなければならないぞ」

と言ったり
「いじめられていると言ってるけど、本当はみんな、ただからかっているだけなんじゃないか。お前は言われやすい人間なんだよ。気にすることはない」

あるいは
「嫌だと思うことから距離をとるということも勇気ある行為だ。ゆっくり休んでもいいじゃないか」

などと言うのも、すべて視点の提示です。

これらはクライアントが、これまでとは違う視点で状況をとらえ直すヒントになります。前にも説明しましたが、どの視点がクライアントに受け入れられるかは、やってみなければわかりません。受け入れられなければ先に説明したバランスを取ってもう一度ゾーンづくりから始めます。

このような手法はとくに目新しい新しいものではなく、皆さんがこれまで相談を受けた場合にもよく使っている方法です。ここで重要なのは、この視点の提示が行なわれるタイミングです。いきなり相談を受けて一五分でこの視点の提示を行なったとしましょう。クライアントは、ま

だあなたを本当の味方だとは認めていません。たとえ「クライアントのスパークを誘導するような視点」であったとしても、敵から言われるアドバイスや解釈は、反発するばかりでまったく受け入れられないのです。ところが、これまでのレッスンの手順でしっかり信頼関係をつくったあとの視点の提示なら、受け入れられる可能性がぐっと高まります。

シミュレーションを手伝う

悩むということは、先を読んでいるということです。先を読むこと自体は良いことなのですが、悩んでいるときは、それが非常に偏ったシミュレーションになっている場合が多い。

つまりある事実の展開をシミュレーションしてみると、悲劇的な結果になる、それに対処すると、また次の悲劇的な結果になる……と、下位プログラムが広がっている状態です。

一人でやるとどうしてもその展開から抜け出せません。そこでカウンセラーが客観的な視点からそのシミュレーションを手伝うのです。

これは、仕事をするときなどにわれわれがよく使う手法です。この商品を販売すると、こうなる。そのためにこうしなければならない。するとこんな問題が生じる。それにはこうして対処する……。こうやって皆で知恵を出し合い、先を読んで一つの施策ができていくのですが、ここでは、それを個人的な問題で行なうのです。

クライアントがある案をもっている場合は「とりあえず今の時点でどうしようと思ってるの」と聞いてみます。完全な案ではない、という前提なのでクライアントも話しやすくなります。それに対してカウンセラーは、客観的に疑問に思うところや、登場人物のこころの動きや反応を推理して、クライアントのシミュレーションを手伝います。たとえば次のようになります。

「これまで私ががまんしていました。明日は、勇気をもって言ってやろうかなと思ってるんです」

「なるほど、明日は言ってやるんだね。すごいね。ちょっと待ってね、彼の立場になって考えてみるから……。確かにすごくインパクトがあると思うな。でも急に言われると、彼も驚いて逆に攻撃的になるんじゃないかなぁ。彼にとっては何のことか、なぜ君が急に今そんなに強く言うのか、わからないのかもしれない」

「そうか。そうですよね。どうしようかなぁ……」

このような作業を繰り返していくうちに、クライアントの中に現実的な解決策がしっかりとイメージされてくると、「そうだ、そうすればいいんだ、これならできる」という感覚が広がり、目の前が明るくなってきます（スパーク）。

ただし、シミュレーションでは相手の案を否定する場面も少なくありません。またカウンセラーの頭も問題解決思考になってしまうため、クライアントの気持ちを理解し表現欲求・共感確認欲求を満たすという作業を忘れてしまうことがあります。

もともと傷つきやすいクライアントは、すぐゾーンを離れて防御の姿勢に戻ってしまうでしょう。そうなるとスパークする確率は急激に少なくなります。

カウンセラーは、クライアントの表情や反応をよく見て、バランスよくシミュレーションを行なう必要があります。

スパークを与えるための刺激は、必ずしも必要ありません。それよりゾーンに戻り、安心した時間を与えて確実に癒すほうが、クライアントのためになることを思い出してください。

からだ掘《ぼ》り

視点の提示や「アドバイス・どう?」はやはり、これまでの信頼関係を一気に崩してしまう危険性をはらんでいます。効果も高いのですが、うまく使うにはやはりある程度の経験が必要でしょう。

ところがここで紹介する要約・質問の方法「からだ掘り」は、初心者でも使いやすく、危険性も少ないうえにスパークのヒントともなる大変すぐれた方法です。

それは、からだの違和感に焦点を当てる方法です。フォーカシングという技法を応用したものです。

あなたがある程度クライアントの話を聞いて、クライアントも安心かつ集中して会話ができている（ゾーンに入っている）としましょう。

あなたはクライアントにこう提案してみてください。

「わかりました。それではあなたがこれまで話してくれたことを私がしっかり理解しているか、私なりにまとめてみますから、それを聞いてもらえませんか。そのときに自分のからだの中の信号に注目してほしいのです。確かに自分はそう言ったけれども、こうやって聞いてみると何かどこか違うなぁ。あるいは何かつっかえるものがあるなぁ。などと感じながら聞いていてほしいのです。いいですか」

そして「テーブル広げ」を始めるのです。

「あなたは…（要約）…、なんですね。そして自分なりには○○と分析をして、○○の気持ちもあるし、一方で○○という気持ちもある。だから○○○で困っているわけですよね。どうでしょう？　聞いていてあなたのからだは『そのとおりだ』と言っていましたか？　それともちょっと違うなぁ、という感じがしましたか？」

これで、自分のからだの中からの違和感がヒントになって、スパークすることがあります。

「いや、いま聞いていて思ったんだけれど、実家に帰りたくないって言っていたのは子どもたちじゃなくて、本当は僕自身だったんです」

あるいは、そのような内からの刺激がない場合はさらに、視点の提示を「からだ」に聞いてもらう方法もあります。

「これまで話してもらったことは、いま確認したことで私もある程度正しく認識することができました。でもこの認識では、あなたは何か決断できない、あるいはこころに引っかかるものがあるんですよね。それなら私がためしに、いくつかの見方を話してみますから、それを聞きながらまた、からだがどう反応するかに注目していてほしいのです。

たとえばあなたは、本当は実家に帰りたいのに、帰るのが怖い。どうでしょう?」

「ん～、そういうわけじゃないと思います」

「たとえばあなたは、自分で決めようというより、だれかに決めてほしい部分がある」

「あ……。もしかしたらそんな部分があるのかもしれません」

「それで思い当たることを、話してもらえませんか」

このように、からだ掘りは新しい解釈をクライアントに受け入れやすいような形で提示することができるのです。

つぶやき要約

クライアントが自分の感情になかなか気がつかないときに使うと、とても効果的な要約の方法です。からだ掘りと同じく副作用も少ないので、初心者にも使いやすいでしょう。

たとえばクライアントが、カウンセラーから見て、お父さんからずいぶんひどいことをされているとしましょう。

ところがクライアントは、それをあまりひどいと認識していないようです。カウンセラーもそこの部分が、よく理解できない（共感できない）ので、もっとよく教えてもらうために、この要約を使ってみました。この要約は、クライアントの気持ちを、一つの文章に要約して、何度かつぶやいてみるというものです。（ＥＦＴというカウンセリング技法からアレンジしたものです）。

このクライアントの場合、彼がお父さんについて話てくれた内容を、まずカウンセラーが、彼の立場から一つの文書にして提示します。

「私は、お父さんのことを尊敬している。一週間前のことも、自分のためにしてくれたことだ」

このとき、文章が長い場合は、紙に書きます。

これを、まずクライアントが文章として納得できるかどうかを聞いてみます。その段階で、「少し違うような気がする」と思考が進むこともあります。クライアントが納得できる文章になるまで推敲します。

このクライアントは、「それでいいです」と答えたので次のステップに進みました。

次はこの文章を、クライアント自身につぶやいてもらうのです。五回ぐらいつぶやいてもらうとよいでしょう。

終わったら、「どうかな、しっくりきたかな」と聞いてみてください。

このクライアントの場合、「ん〜。なんだか少し違うような気がしてきました。『自分のためにしてくれたことだ』って、自分でいい聞かせているような気がします」と答えました。

そこで、もう一度「しっくりくる言葉」を探すのです。

クライアントが自分で言葉を探し出すこともあれば、カウンセラーがさらに提示した言葉がクライアントの気持ちをうまく言い表わすこともあります。

このクライアントの場合、「優しくしてほしい」とか「自分がしっかりしなくては」という言葉などを経て結局、「私はお父さんのことを尊敬している。お父さんに嫌われたくない。もっと認めてほしい」という表現にたどり着きました。クライアントが当初はまったく気がついていなかった感情です。

✤つぼみたちへ　なぜ「言葉」を使うのか

話したいという欲求は、レッスン5で紹介した表現欲求、共感確認欲求のほかにも、生命エネルギーの視点から説明することができます。

一人の原始人がある重要な情報を持っていたとします。たとえば、あの山には獰猛《どうもう》な熊がいる。あの丘の向こうに日照りのときにも枯れない泉がある、などという「種の生存」に欠かせない情報です。もし一人だけがこの情報を握っていたとすれば、種は滅びてしまいます。そこで神様は、「大切な情報ほど他人に言いたくなる」という欲求をプログラムしました。

これは『王様の耳はロバの耳』などで取り上げられている基本的な「ヒトの欲求」です。とても良いことがあったとき、たとえば宝くじが当たったら、内緒にしておけばいいのに、どうしても人に言ってしまいたい欲求がわくのです。うわさが広まるメカニズムも、この欲求に依存しています。表現欲求の一部といえるでしょう。

まだ言葉をもたなかった時代は、大声を出したり身振り手振りで伝えたでしょう。一人に伝えるために、わざわざその場所に連れて行かなければならなかったかもしれません。

言葉の発達により、その労力を大きく節約することができるようになりました。

言葉で表現することで、多くの人に、少ないエネルギーで情報を伝えることができます。情報の「ダウンサイジング」です。

また、伝えるだけでなく大切なことを覚えておくこともかなりエネルギーを消耗する作業です。言葉を使って他人に表現すれば、本人が忘れてしまっても、だれかが覚えている可能性が高くなります。本人自身も「忘れてはいけない」と頭をフル回転させる必要もなくなるのです。

さらにこのような情報は、世代を超えて伝える必要もあります。文字のなかった時代、人は大切なことを記憶して、次の世代に伝えました。

大切なことが多ければ多いほど、そのことをずっと頭の中で記憶しておかなければなりません。これは大変エネルギーを使う作業です。

言葉や絵や文字の出現によって、このエネルギーを大きく節約することができるようになりました。だから私たちは、文字や絵画で自分が大切だと感じたこと、感動したことを伝えたいという欲求があるのです。

その中でも、言葉のダウンサイジング効果は、最もすぐれています。

たとえば、村に狼の群が向かっているとしましょう。言葉以外で伝えるとすれば、絵を描く、声や音を出す、動作（ジェスチャー）で示すなどの方法がありますが、いずれも時間がかかるばかりでなく、情報も正しく伝わりません。一方言葉の場合、「狼が来た」という一言で、村人は対応行動がとれるのです。

言い換えると、言葉には大きな情報が詰まっています。

さらにヒトは言葉を発達させるうえで、言葉にさまざまな意味合いを込めてきました。同じような状況でも、何かが少しだけ違うとそれを別の言葉にしました。その言葉が他の人にとっても有用であれば、社会に流通していたのです。

このように言葉はすばらしい道具ではありますが、欠点もあります。それはある情報が言葉によってダウンサイジングされるときに、正確な情報が失われるということです。あるソフトをネットで送る際にデータ容量が小さなファイルにします。これを圧縮といいます。データの小さなファイルをインターネットで送り、受け手はそれを「解凍」し元のファイルに戻します。言葉の場合、この圧縮と解凍に個人差が生じてしまうのです。

ある人が、「都会」と表現したとしましょう。その人の描くイメージとそれを聞いた人の描くイメージは必ずしも一致しません。ブレが生じるのです。伝言ゲームはそのブレを拡大して楽しむゲームです。

このようなブレは、情報を正しく伝えるという意味ではマイナスの要素です。しかしカウンセリングでは、このブレをむしろ積極的に活用するのです。

あるクライアントが、自分の病気の苦しさを言葉にしました。カウンセラーは「そのような試練を乗り越えてきたんですね」と要約しました。試練という言葉はクライアントが使ったものではありません。カウンセラーの口から自然に出た言葉です。

それまでクライアントは自分の病気を、不幸ととらえていました。しかしカウンセラーの一言で「試練」という見方をしてみたのです。そのクライアントには試練イコール成長という図式がありました。

そこでいわゆるスパークが起こったのです。

これまで自分の不幸を恨み、他人を羨《うらや》ましく思い、何の目標をもたなかった彼が、そのスパークによって、もっと努力している人、もっとつらい状況を乗り越えようとしている人たちに目を向けるようになりました。「傷のなめ合いになる」と避けていた同じ病気をもつ者の会合にも積極的に参加するようになり、自分なりの楽しみを見つけられるようになってきたのです。

このように言葉は、大きなヒントとなりうるのです。カウンセリングの中で生じる言葉の情報のあいまいさが、自然な形でクライアントのこころにスパークのための刺激を与えてくれます。

昔から言葉のもつスパーク効果は、多くの人に注目されてきました。宗教は人の死の苦しさを「宿命」とか「運命」などという言葉で軽くし、森田療法では「あるがまま」という言葉で、症状に抵抗するこころの焦りをダウンサイジングしてきました。

私の専門分野でも、戦争によって心理的なダメージを受けた人を「戦争神経症」と呼んでいたときは、こころの弱い者がかかる病気というイメージが強く、症状が出ても早めに受診する兵士は少なかったのです。ところが同じ状態を「戦闘疲労」と呼ぶようになってからは、比較的多くの兵士が早期治療を受けるようになりました。戦闘疲労とは、一所懸命戦った兵士が疲れ切ってしまったというイメージを与え、決して弱い者ではなく、一流の兵士だったという印象を与えたからです。

ただ、このような体系化された言葉によるダウンサイジングが得られるまでには、その背景の概念をよく勉強する必要があります。宗教でも森田療法でも、ある程度の勉強と仲間が必要です。

一般のカウンセリングでは、このような強烈な一言によるダウンサイジング効果は期待できません。急に教えても不自然で、かえって抵抗感が強くなります。むしろ、本書で紹介した要約・質問やアドバイスなどの間に生じる自然なブレのほうが、スパークの確率が高くなるのです。

レッスン6のまとめ

スパークを誘発するためには刺激を与えなければなりません。重要なのはその距離です。近すぎず、遠すぎず、わざとらしくない刺激を与えることが、スパークの確率を高くします。

視点の提示やシミュレーションの手伝いは、クライアントの頭を刺激しますが、ややもすると攻撃的になり、クライアントがゾーンから離れていきます。

スパークの支援はカウンセラーにとっても「うまく支援できた」と実感できる魅力的な作業です。ついついその作業に集中してしまい、相手を説得するような雰囲気に陥りがちです。スパークよりもゾーンのほうが重要であることを忘れず、実践でバランス感覚を身につけてください。

レッスン7

メッセージコントロール

さて、ここまでのレッスンで基本的なところを勉強してきました。レッスン6ではカウンセリングにおける微妙なバランスについて触れましたが、うまくイメージできなかったり、なかなか難しいかも……と感じたりしたのではないでしょうか。またレッスン5までは、技術を習得するためのトレーニング方法についてご紹介しましたが、レッスン6ではとくに提示しませんでした。

というのも、バランス感覚というのは相手があってはじめて生じる感覚なので、実践を経験していない人はなかなかイメージアップできないからです。またその感覚は、一人では練習するすべがないのです。つまり、これ以降は実践の中で身につけていってほしい技術なのです。実践あるのみ、といっていいでしょう。

ところがいきなり実践といっても、これまで勉強したことをすべて頭に入れて、しかも相手の話に集中するなどというのは、かなり難しい作業です。

スポーツの場合でも、ある技術を習得するには注意すべき点がたくさんあります。しかしそれらをあまりにも意識しすぎると、かえってぎこちなくなって全体のバランスが崩れてしまいます。

ムカデが足をからませないで見事に進んでいることに感動したキリギリスが、ムカデに聞きました。「見事なもんだね。そのたくさんの足をからませないで上手に進めるなんて、いったいどうしたらできるのか教えてくれないか」ムカデはそう言われてから、急に自分がどのような動きをしているのか気になりはじめました。すると自分の足を自分で踏んで、うまく歩けなくなってしまったのです。

カウンセリングでも同じようなことが起こります。一つひとつの欠点の指摘はもっともなのですが、それを意識するあまり、結果的に「人の話を聞いていない」という最大のミスをおかすことになりがちです。

そのようなことを避けるために、スポーツの一流のコーチは、たくさんのことを教えても、いざ競技をする段階になると、一つだけのことに集中させます。たとえば右手の小指の力加減、たとえば助走のスピード、たとえば相手の足の動きへの注目……。一つのことなら集中できます。あとは、これまで練習したことが無意識の中で再現されるのです。

レッスン6までの技術や考え方をまず一人で、あるいは同僚と訓練してください。そして実践では、そのような細かいことをいったん忘れ、ここでお伝えする一つの視点だけに集中するのです。

それは「メッセージコントロール」ということです。

カウンセリングにおけるメッセージコントロールの基本形

メッセージコントロールの重要性についてはこれまでのレッスンでも紹介しました。

私は従来のカウンセリング教育の欠点は、個々の技術の紹介に終わっており、その技術を使って「カウンセラーがクライアントにどのようなメッセージを与えるか」という一番重要な視点が欠けていたことだと思っています。

本書の冒頭で紹介した私の事例を思い出してください。私はカウンセリング教育を受けて、要約や繰り返しの技術を知りました。そしてそれを妻に試してみたのです。片づけない、と私に対して怒っている妻に、「そうか、君は僕が片づけないから怒ってるんだね」と返してしまったのです。

これは技術的には間違っていません。しかしそれには「僕には関係ない問題だよ」というメッセージが含まれていたために、妻をさらに怒らせてしまったのです。

つまり、質問、要約、繰り返し（そのほかにも一般的なカウンセリングでは、かかわり技法、感情の反射、対決、などとさまざまな技法がありますが）などの技術そのものが重要なのではなく、それがどのようなメッセージをもっているかということが重要なのです。どのようなメッセージを出すかによって、クライアントに良い影響を与えることもあれば、逆にクライアントを落ち込ませることもあるのです。このことを意識しないかぎり、決して良いカウンセリングにはなりません。たまにうまくいっても、それはまさに偶然の結果です。はば広くたくさんの人を支援できるカウンセリングをするためには、このメッセージコントロールについてよく理解しておかなければならないのです。

どのようなメッセージを与えるか

では、カウンセラーはどのようなメッセージをクライアントに与えればいいのでしょうか。

ここは常識で考えていただいて結構です。何かに落ち込んでいる人がいるとき、あなたはどんな趣旨の言葉をかけているでしょう。

私たちは、友人や家族のピンチのときに**図8**のような言葉をかけています。こうした言葉がもつメッセージは、悩んでいる人・落ち込んでいる人を癒すのです。

だから全体として、このようなメッセージをクライアントに与えるように意識すればいいのです。

どのような手段で与えるか

「そんなことは、いつもやっている。でもなかなかうまくいかないぞ！」という声が聞こえてきそうです。

まさにそのとおりなのです。このようなことを、悩んでいる人に何の工夫もなく言った場合、ときにはマイナス効果にさえなってしまうのです。

そこには二つの要素が関係しています。

図8　勇気づけるためのメッセージ

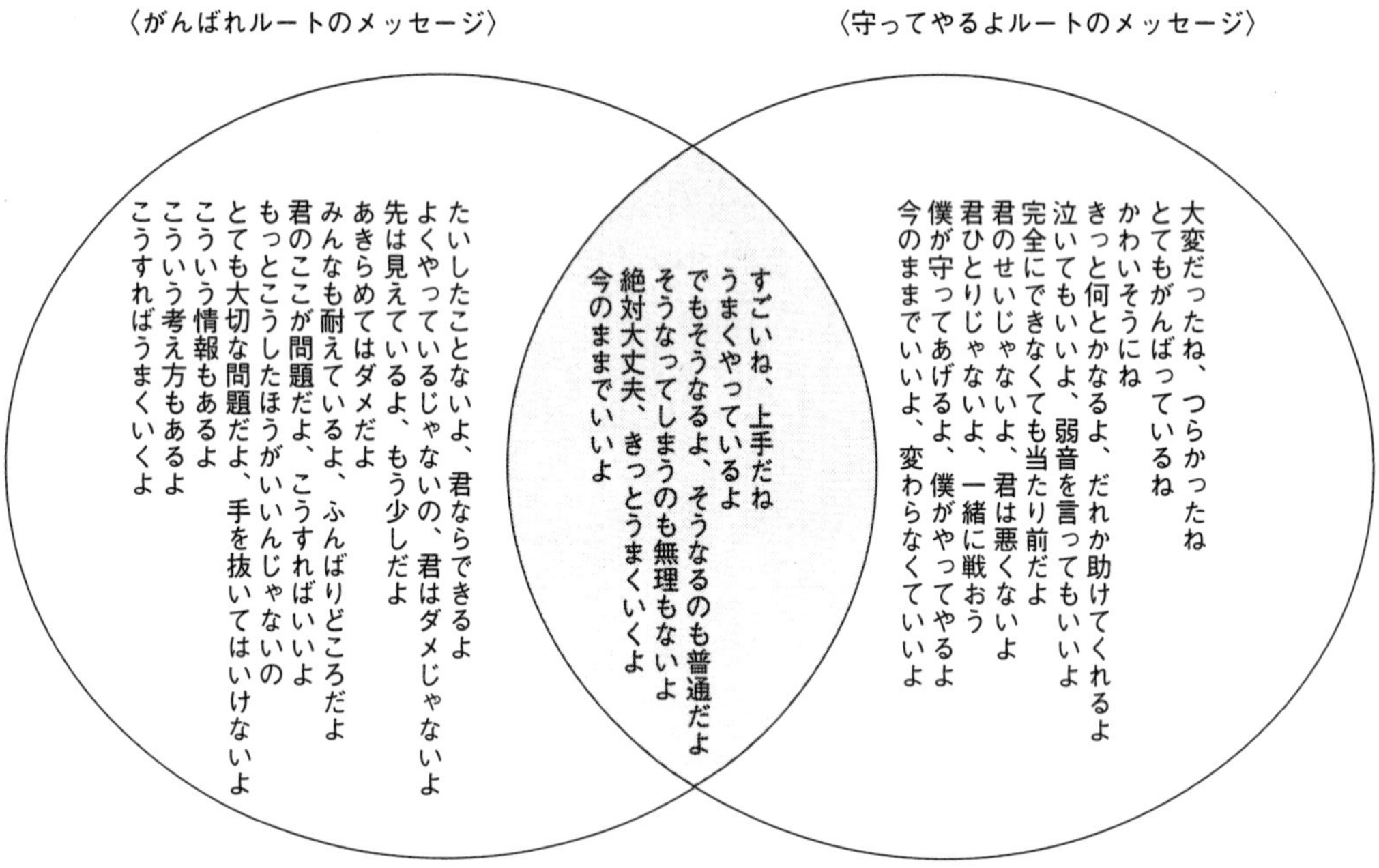
〈がんばれルートのメッセージ〉
〈守ってやるよルートのメッセージ〉
たいしたことないよ、君ならできるよ
よくやっているじゃないの、君はダメじゃないよ
先は見えているよ、もう少しだよ
あきらめてはダメだよ
みんなも耐えているよ、ふんばりどころだよ
君のここが問題だよ、こうすればいいよ
もっとこうしたほうがいいんじゃないの
とても大切な問題だよ、手を抜いてはいけないよ
こういう情報もあるよ
こういう考え方もあるよ
こうすればうまくいくよ
すごいね、上手だね
うまくやっているよ
でもそうなるよ、そうなるのも普通だよ
そうなってしまうのも無理もないよ
絶対大丈夫、きっとうまくいくよ
今のままでいいよ
大変だったね、つらかったね
とてもがんばっているね
かわいそうにね
きっと何とかなるよ、だれか助けてくれるよ
泣いてもいいよ、弱音を言ってもいいよ
完全にできなくても当たり前だよ
君のせいじゃないよ、君は悪くないよ
君ひとりじゃないよ、一緒に戦おう
僕が守ってあげるよ、僕がやってやるよ
今のままでいいよ、変わらなくていいよ

メッセージは言葉だけでなく、全体の印象で伝わる

人が何かを伝えようとするとき、言葉そのもので伝えられるメッセージが七％、音声情報によって伝えられるメッセージが三八％、残りの五五％は視覚情報や雰囲気で伝えられます（メラビアンの法則、一四頁参照）。

もしあなたが「大丈夫だよ」と言葉で表現しても、その言葉尻が震えていたり、不安な表情をしていたりすれば、あなたがこのことに関して決して「大丈夫」と思っていないことが相手に伝わります。

うんうんとうなずきながら聞いていても、視線が時計のほうにチラチラ泳いでいる場合は、「私はあなたの話を聞いている時間がない」というメッセージを与えてしまいます。

カウンセラーは、みずからの姿をカメラで撮影し、自分がどのようなメッセージを出しながらクライアントの話を聞いているかを、よく知っておかなければなりません。眉をひそめながら聞くくせのある人は、自分はそういうつもりはなくても「そんな話は疑わしいなあ」というメッセージを相手に与えてしまっているのです。

自分が出すメッセージすべてをコントロールすることが、メッセージコントロールなのです。

クライアントは、裏メッセージを取りがち

あなたが口で言う「大丈夫だよ、心配ないよ」というメッセージが、空々しく響くばかりで、

あまりクライアントのこころを打たないもう一つの理由は、クライアントの心理状態にあります。

レッスン5で勉強したように、クライアントはカウンセリングに至る段階でとても大きな不安を抱えているのが普通です。猜疑心も強く、自分が攻撃されるのではないかという視点で、カウンセラーのすべてを見るでしょう。

また、多くのクライアントは悩みを抱えるあまり、すでにかなりのエネルギー消耗状態に陥っています。もうこれ以上活動したくない、なんとか一息つきたいと無意識の中で思っていることが多いのです。

そのようなクライアントが、カウンセラーから「大丈夫だよ」と言われたら、どのように受け取るでしょうか。

「俺がこんなに深刻な状態だということを、わかっていないんだな。カウンセラーは俺のことを、努力の足りない人間だと思っている。だから自分で何とかしろと言っているんだ」

そう受けとめたクライアントは、カウンセラーに対して一所懸命「自分が大丈夫ではない」ということを伝えようとします。

クライアントが、カウンセラーから「こうすればいいよ」と言われたら、どのように受け取るでしょうか。

「カウンセラーは問題が本当に深刻な状態だということを、わかっていないんだな。だから簡単に『こうすればいい』なんて言う。俺のことを能力がない人間だと思っているに違いない。あるいは、がまんのできない人間だと思っているんだ」

そう受けとめたクライアントは、カウンセラーの提案に対して、「自分の問題はいかに難しくて、提案された内容では絶対うまくいきそうもないこと」を一所懸命説明しようとします。

クライアントが、カウンセラーから「君ならできる。がんばれよ」と言われたら、どのように受け取るでしょうか。

「自分がこんなに疲れ果てているということを理解してくれていない。きっと自分のことを、弱い人間だ、がんばりの足りないやつだと思っているに違いない」

そう受けとめたクライアントは、カウンセラーの励ましに対し、いかに自分のおかれている環境がひどいのか、これまでの努力が報われなかったのかを説明するでしょう。

このようにクライアントは、カウンセラーが思ってもみないような受け取り方（裏メッセージ）をしがちなのです。

カウンセラーは、そのことをよく理解しながら、裏メッセージにならないように上手にメッセージコントロールしていかなければならないのです。

これらのことを総合すると、カウンセラーはクライアントに裏メッセージを取られないように気をつけながら、クライアントが勇気づけられるようなメッセージを上手に出していく、そんな聞き方をしなければならないということになります。その方法を教えてくれるのが、これから紹介する「二つのルートと5メッセージ《ファイブ》」です。

これは、個々の技術というより試合の組み立て方のようなものだと理解してください（図9）。

二つのルート

5メッセージを説明するとき、私はいつもこの図を使います。

山に登る二つのルートがあります。一つは、山頂を結ぶ見晴らしのよいハイウェイ。これが「がんばれルート」です。もう一つは、麓から一つずつ山小屋を経由して着実に上らなければならない「守ってやるよルート」です。

いずれの道も、目標の地点に向かうまでに、大きく五つのポイントを通ります。それは、

- 問題の責任に関する認識のポイント
- 問題の重大さ、クライアントの苦しさに関する認識のポイント
- クライアントの努力に関する認識のポイント
- クライアントの反応に関する認識のポイント
- クライアントの能力に関する認識のポイント

です。そして目的地となるのが

- 具体的方法論に関するポイント

です。

図9　二つのルートと5メッセージ

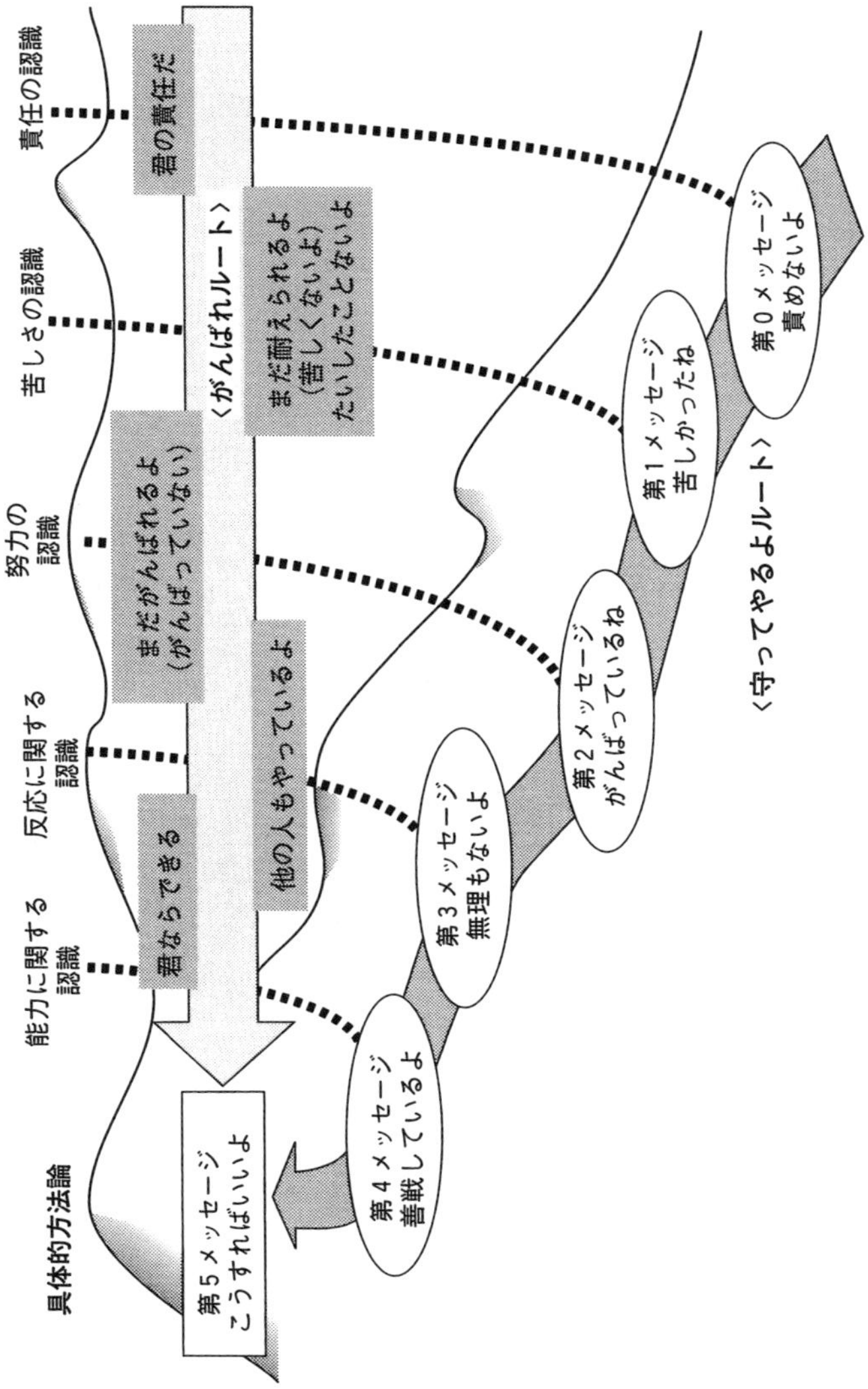

具体的方法論
能力に関する認識
反応に関する認識
努力の認識
苦しさの認識
責任の認識
君ならできる
まだがんばれるよ
(がんばっていない)
君の責任だ
〈がんばれルート〉
他の人もやっているよ
まだ耐えられるよ
(苦しくないよ)
たいしたことないよ
第5メッセージ
こうすればいいよ
第4メッセージ
善戦しているよ
第3メッセージ
無理もないよ
第2メッセージ
がんばっているね
第1メッセージ
苦しかったね
第0メッセージ
責めないよ
〈守ってやるよルート〉

一般的に、元気のある人にはがんばれルートで支援します。

がんばれルートは、どのポイントから入ってもいい。目的地から攻めてもいいのです。

ところが守ってやるよルートは、必ず一番下から、順番にポイントを押さえて上っていかなければなりません。

また、上のポイントに行ったとしても、下のポイントでがけ崩れがあったら、すぐにそこに戻ってそのポイントを補修してからでないと、それ以上、上へはいけません。

そういう決まりだと思ってください。

そして、いずれのルートでも具体的方法論が絶対的な目的地のように見えますが、どのルートでも、お客さんが満足した時点がゴールです。これも規則だと思ってください。

さてこの図は、悩んでいる人に対する支援の方法を示しています。

比較的元気のあるクライアントには、がんばれルートが効果的です。

しかし、エネルギーが低い人（カウンセリングを受けようという人は、ほとんどがエネルギーが低いと思ってください。一見そう見えなくても、です）は、守ってやるよルートで支援するのです。

がんばれルートと守ってやるよルートでは、カウンセラーの出すメッセージがまったく逆になるのです。

図8（一七四頁）で提示したメッセージは、確かにクライアントに元気をもたらすでしょう。

しかし、すべての相手に通じるわけではないのです。図で区分けしてあるように、がんばれルートのメッセージと守ってやるよルートのメッセージに分かれているのです。これを、相手のエネルギー状態によって、使い分ける必要があったのです。

5《ファイブ》メッセージ

それでは守ってやるよルートのメッセージとは、どのようなメッセージなのでしょう。守ってやるよルートからのメッセージはたくさんありますが、その中でもとくに重要な五つのメッセージを紹介したいと思います。メッセージを与える順番がとても大切で、ポイントの順番に並べたものを「5メッセージ」と呼んで、相談受けのコツの一つとして紹介しています。5メッセージの順番に、クライアントに対しメッセージを与えていくと、落ち込んでいる人をうまく支援できるのです。

本書はカウンセラーを目指す人を対象としているので、本レッスンではさらにもう一つ（0メッセージ）を加えた、六つのメッセージを解説します。またこの順番は、優先順位でもあります。たとえば第3のメッセージを出しているときに、裏メッセージを取られて「がんばっているね」メッセージを崩してしまったなら、第2のメッセージに戻り、そこで十分再補給してから、また第3のメッセージに戻るのです。

このように、数字の少ないメッセージを、数字の多いメッセージの優先メッセージと呼びます（第3メッセージの優先メッセージは、第0、1、2メッセージ）。

第0メッセージ「責めないよ」

最初に与えるメッセージは「私（カウンセラー）はあなたを攻撃しないよ。責めないよ（だから何を話してもいいんだよ）」というメッセージです。

これは、不安や警戒心が強いクライアントに、安心して話をしてもらうために与えるメッセージです。

このメッセージが十分伝わらなければ、まずカウンセリングになりません。

具体的にはレッスン4で勉強したカウンセリングの場や雰囲気づくり、あるいは事前の説明などでこのメッセージが伝わります。

さらに、クライアントは、自分が話し始めたときカウンセラーがどのような態度で聞いてくれるのか、非常に敏感に観察しています。

もしあなたの顔が緊張していたら、クライアントはそれを「なんとなく怖い。怒られそう」と感じ、「この人に安易にこころを許してはいけない。弱みを見せてはいけない」と判断するかもしれません。もしあなたが、クライアントの話を少し聞いただけで、突然「そのときあなたはどうしたんですか」と質問をしたとしましょう。あなたにはそんなつもりはなくても、警戒心の強いクライアントはその質問を「自分を責める質問」ととらえてしまい、その後大変緊張して、会話も途切れがちになるでしょう。

このような裏メッセージを取られないために、カウンセラーは、カウンセリングの最初の部分でとくに明快なメッセージを出すことに気をつけなければなりません。

大根役者のように振る舞うことを思い出してください。

たとえば、「なるほど、それからどうしたのですか」と興味津々のメッセージを言葉で表現するときは、上体もそれに合わせてクライアントにぐっと近づきます。もしカウンセラーが同じタイミングで、上体をそらし足を組んだらどのような印象になるでしょうか。口では興味津々のメッセージを出しながら、からだでは「疑問」や「退屈」のメッセージを出してしまいます。カウンセリングが始まったばかりであなたをまだ信頼していないクライアントは、この複数あるメッセージのうち、マイナスのメッセージのほうを受け取ってしまいます。

ですからカウンセラーは、最初の段階ではとくに、クライアントが混乱するようなメッセージを出さないように注意しなければならないのです。具体的には、いつもよりもうなずきを大きく、5ステップも極端に演じます。また言葉で言っていることと違うメッセージを、からだの各部分が出さないように気をつけます。日頃から明快なメッセージが出せるように練習しましょう。

このメッセージは、5メッセージには含まれていません。一般の相談なら、第1から第4のメッセージを与えるうちに、自然にこの「責めないよ」メッセージが伝わっていくのですが、カウンセリングは初対面で、しかも確実に弱っているクライアントに対処しなければならないので、あえてここで第0メッセージとして、出会いの場面から、相手を攻撃しないことを明確に伝えたほうがいいという配慮から、本書で紹介しました。

第1メッセージ「苦しかったね」

クライアントがカウンセラーをある程度信用し、話をするようになったら、次に与えるメッセージは「苦しかったね（大変だったね）」というメッセージです。これは苦しさの認識のポイントで与えるメッセージです。

カウンセラーが、クライアントのおかれている状況を「私の目からみてもとても大変な状況だ」ととらえているということを表わしています。

がんばれルートなら、このポイントで逆に「たいしたことないよ」と言って、励ますところです。

元気な人ならいいのですが、エネルギーのない人は、「たいしたことないよ」を、「そんなつまらないことで人に相談しているの」「それぐらい自分で解決できるよ」という裏メッセージに取ってしまうのです。

クライアントは、自分を弱虫や能なしだとは思いたくないし、いま話を聞いてくれようとしているこのカウンセラーにも、そう思われたくないと思っています（とくにカウンセラーには「責めないよ」メッセージで良い印象をもったから、なおさら）。

そこで、クライアントは自分のおかれた環境がいかにつらいものだったのかを、カウンセラーにわかってもらえるように話をするのです。わかってほしいのです。

カウンセラーは、そのクライアントの気持ちに応える必要があります。

具体的には、クライアントにその状態をくわしく語ってもらいます。少し聞いただけで「苦しかったね、大変だったたね」などというのは、嘘っぽい感じがします。そこで、どんなことがあったのかという事実認識を、十分時間をかけて聞いてほしいのです。時間をかけて十分聞くという姿勢が、相手の状態をわかろうとしているというメッセージになります。

さらに、5ステップの中でもとくに「驚き」と「共感」のメッセージを多用します。

人は、他人が本当に悲惨な状態にあることを知ったとき、驚き（「そんなにひどかったの」「そんなに大変だった」「まさかそんな……」）、そしてその苦しさに共感します（「うわ～、それは大変だったよねぇ」「それは苦しかったね」）。

このようなメッセージを出すことにより、クライアントはカウンセラーがクライアントのことを、弱い者だとか、能なし、ダメ人間ととらえていないことを理解するのです。

第2メッセージ「がんばっているね」

本人の努力に関する認識のポイントで与えるのは、「よくがんばっているね（がんばったね）」というメッセージです。

がんばれルートなら、「まだまだがんばってない。もっとがんばれるよ」という、これまたまったく逆のメッセージになります。元気な人は、この励ましでがんばるでしょうが、元気のないクライアントは、このがんばれルートのメッセージに強い抵抗を示します。

たとえ、「苦しかったね」メッセージで客観的な環境はひどかったとカウンセラーが理解してくれても、その環境の中でクライアントが、ただ単に流されていた、何も努力もしていなかったとなると、クライアントはカウンセラーから見捨てられると感じてしまうからなのです。

これは農耕民族である日本人にとくに強い感覚なのですが、努力しない者は、部族から見捨てられてしまうという感覚が残っているのです。

農業は、資源である水を共有します。また短期的に大きな労力が必要な田植えや稲刈りには、周囲の力を結集してようやく秋の実りが得られます。その中で今日少し疲れていると言って作業をサボる人もいたらどうなるでしょう。そういう人は大変嫌われ、仲間から外されました。いわゆる村八分です。

原始時代から、人は一人きりになると過酷な環境のなかで生きていけないのです。村八分にされる（のけ者にされる）ということは、私たち人間にとって大変恐ろしい出来事なのです。学校でいじめられることのつらさは、その経験がない者には「それで生きていけないわけではないのに」と軽く考えられますが、当人たちの無意識の中では、まさに「生きるか死ぬか」の問題なのです。

さて、クライアントはせっかく自分の味方になってくれそうな人に、見捨てられたくないと強く願います。「がんばっていない」と思われたくない。

ですからカウンセラーは、その不安を取り除いてやるべく、「がんばっているね」メッセージを与えるのです。具体的にはその人の話をよく聞いて、その人ががんばっていると感じた部分で大きくうなずき、その部分を要約・質問に含めるのです。

というより、要約・質問にはどうしてもメッセージが「含まれて」しまいます。そこで最低限「君は何も努力もしていないのではないか」というマイナスのメッセージを与えないように注意することが必要です。

たとえば「それであなたはどうしたの?」という質問は、このマイナスのメッセージに取られかねません。要約・質問で勉強したように、まず十分に話を聞いてから、その内容にクライアントの「がんばった」という感情部分を入れて要約し、その流れを受けて質問するのです。そうすれば裏メッセージとしてとらえることが少なくなります。

例：「そうか。じゃあ、あなたは部下が困っているところを助けるつもりで（感情部分）、『何か僕にできることないかい』って言ったんだよね。でも相手は笑って『大丈夫です。かえって申し訳ないです。もうメドが立ちましたから、あと一時間で帰ります』と言ったんだよね。あなたは、自分が残ると彼も早く帰れないと思って、結局帰ることにしたんだよね。彼に気を遣ってね（感情部分）。なのに、彼は後であなたの上司に、あなたが仕事で何も指示してくれないと訴えたわけなんだね。あなたとしては、むしろびっくりしたわけだ。それであなたはどうしたの？」

第3メッセージ「無理もないよ（普通だよ）」

本人の反応に関する認識のポイントで与えるのは、無理もないよ、普通だよ、君が壊れているわけじゃないよ、というメッセージです。

がんばれルートでは、「そんなに悩んでいるのは、君だけだよ。みんなうまくやっているよ↓たいしたことないよ。がんばれ」というメッセージでしょう。

守ってやるよルートでは、いろいろ悩んだり症状が出ても、「無理もないよ、普通だ」と言うのですが、がんばれルートでは、逆に「君は特別だ」と言っているのです。

どうして、「普通だ」と言ってあげる必要があるのでしょうか。

これまでのメッセージが上手に伝わると、クライアントはカウンセラーのことをこう考えているでしょう。

「この人は他の人みたいに私を攻撃したりはしない。話を聞いてくれる人だ。私がおかれている状況がどんなにひどいものかも理解してくれた。私がいかに現状を打開しようと努力しているかについてもわかってくれた」

しかし、これでカウンセラーに対しもっている警戒心や不安がすべてぬぐわれたわけではありません。

クライアントは、さまざまな症状を抱えているはずです。たとえば、このことがあってから夜は眠れないとか、どうしても他人に当たってしまうとか、自分では努力をしているにもかかわらず、どうしても相手のことを許せないとか、自分自身がコントロールできないとか、極端に自信を失っている、などです。

相談に来るぐらいですから、何かがうまくいっていないのです。状況はひどい、そのなかで努力はしてきた。でも結果が出ていない。この図式の中でクライアントはまだ二つの不安を抱えています。一つは「こんな症状が出るのは自分が人に比べて弱いからだ（自分は壊れてしまっている）」という自分の精神や肉体の健康度に対する不安です。

弱い人間は、集団から取り残されて結局死んでしまいます。そういう基本的な恐怖が「自分はもしかしたら弱い人間ではないか、それをカウンセラーから突きつけられるのではないか」とおびえさせるのです。

もう一つは、「結局うまくいってないのは、自分のやり方や能力に問題があるのではないか」という不安です。自分に能力がないということは、これから先さまざまな困難に対してうまくやっていけない↓つまり生きていけない、ということにつながります。だからカウンセラーに能力がないということを指摘されることも非常に怖いことなのです。

この二つの不安のうち、まず「自分は弱い人間ではないか」という不安に対してカウンセラーは、「無理もないよ。あなたは普通だよ（弱くないよ）」という第3メッセージを与えるのです。

具体的には、さまざまな症状を聞いても、一つひとつに過剰に驚かないということです。「無理もないよ」というまなざしで聞いてください。

カウンセラーが驚いてしまうと、それは「そんな症状があるの。それは普通じゃないね。もしかしたらあなたが特別に弱いからじゃないの」という裏メッセージに取られがちです。

あなたはクライアントがさまざまな悩みや症状を訴えても、「それは苦しいよね、だけど私はそれを聞いても驚かないよ。それぐらいの状況で、あなたぐらいの苦しさを抱えれば、誰だってそうなってしまうよ。私だってきっとそうなるよ」というメッセージを与えてほしいのです。

このメッセージは、悩みや症状を聞くときの表情によって、あるいは要約・質問の中で直接言葉にして伝えます。

たとえば、「私は自分のことを責めてしまうんです。もう、すべてに自信がなくなっちゃって。このままだと会社を続けられないなぁなんて考えることもあるんです」というクライアントの言葉を聞きながら、カウンセラーはあまり「驚き」「納得」「共感」の表情を浮かべず、「無理もないよ」というまなざしで、うなずくだけで流すのです。そして要約でも「自分を責めてしまって自信がなくなっちゃっているんだね。会社を辞めたい気持ちも出ている。あなたぐらい苦しかったら、そんな気持ちが出てきても仕方ないよね。つらいねぇ」と、返します。（かといって、その話を短時間で切り上げるといいわけではありません。クライアントが話したいだけ話してもらいま

図10　裏メッセージの関係

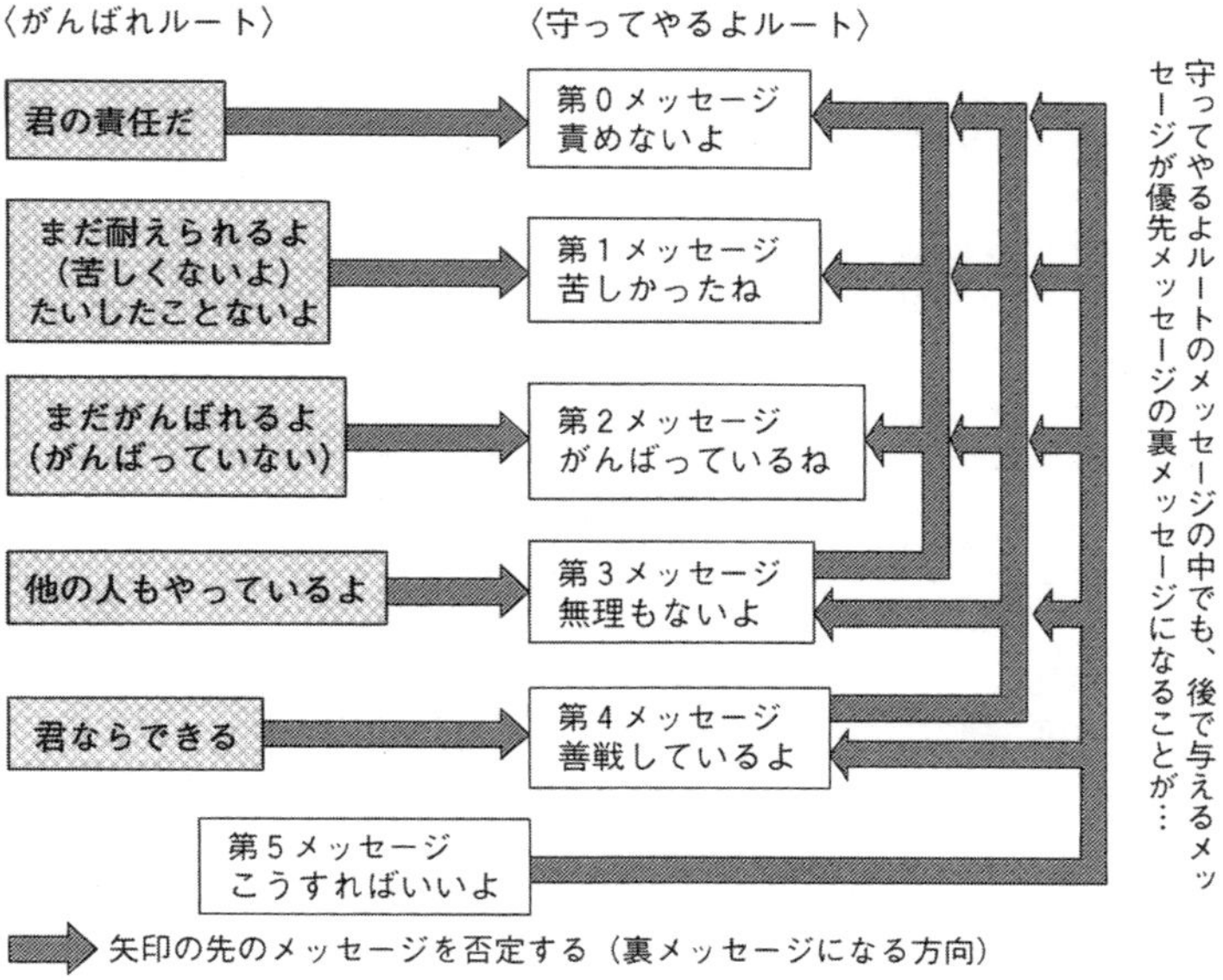
〈がんばれルート〉
〈守ってやるよルート〉
君の責任だ
まだ耐えられるよ
（苦しくないよ）
たいしたことないよ
まだがんばれるよ
（がんばっていない）
他の人もやっているよ
君ならできる
第0メッセージ
責めないよ
第1メッセージ
苦しかったね
第2メッセージ
がんばっているね
第3メッセージ
無理もないよ
第4メッセージ
善戦しているよ
第5メッセージ
こうすればいいよ
守ってやるよルートのメッセージの中でも、後で与えるメッセージが優先メッセージの裏メッセージになることが…
矢印の先のメッセージを否定する（裏メッセージになる方向）

す。また縦掘りしてその内容を深めても結構です。要は、その症状によって私は〔カウンセラーは〕あなたのことを弱い人間だ、壊れてしまっている人間だとはみなしていない、ということが伝わればいいのです）。

ただこの「無理もないよ」メッセージ以降は、このメッセージを与える際の裏メッセージにも気をつけなければなりません。**（図10）**

これまでは、がんばれルートのメッセージが裏メッセージに取られやすいことを説明してきましたが、守ってやるよルートでも、すでに与えた優先メッセージの裏メッセージになってしまうことがあるのです。

あなたがあまりにもその症状は「普

通だよ」という言葉や態度を繰り返すと、それは「みんなが抱える症状だから、あなたもがまんしなければ（→そんなに苦しい状態じゃないよ）」と受け取られ、結果的に「苦しかったね」メッセージを崩すことになります。

右の例で、カウンセラーがこの後、横掘り質問などによって話題を今後の具体的対処のほうに変えていったとします。こういう作業によってクライアントの表情や仕草、言葉から、クライアントが「自分のつらさを軽く扱われた」と感じているようなそぶりを見せたら、もう一度、クライアントの感じているつらさ（たとえばここでは自信のなさ）などに話題を戻して、それがいかに苦しいか（「苦しかったね」メッセージ）をもう一度理解していくのです。

第4メッセージ「善戦しているよ（よくやっているよ）」

本人の能力に関する認識のポイントにおいて、がんばれルートでは、「うまくやっているよ。すごいね。君ならできるよ。もっとがんばろう」と励ますところです。

守ってやるよルートの励まし方は、少しニュアンスが違います。

クライアントは、うまくいっていない現状に対し自分自身に幻滅しているかもしれません。また、そのことをカウンセラーに指摘されはしないかと恐れています。

そこでカウンセラーは「あなたはうまくやってるじゃない。苦しい状況のなかで一所懸命がんばって、いろんな症状はあるけれども、それなりにうまくやってると思うよ。なかなかできることじゃないよ」というメッセージを与えてあげたいのです。

ポイントは、「とてもいい」ではなく、「決して悪くはない」と伝えることです。

具体的な表現方法としては、相手の努力した部分を要約で明確にし、「すごいね」「なかなかそこまでできないよ」「かなりうまくやってると思うよ」などのコメントを付け加えます。

このメッセージも、うまく与えないと裏メッセージを取られがちです。

あまりしつこく「うまくやってる」というメッセージを与えると、「どうも私の状態を軽く受けとめられている。問題が複雑であり対処が難しいということをあまりよく理解してもらっていない。結局もう少し自分でやれっていうことなのか」と誤解してしまいます。つまり「苦しかったね」メッセージの否定です。さらに「もう少しがんばれば何とかなるんじゃない？」というメッセージにも受けとめられ、「がんばっているね」メッセージをも否定してしまいます。

クライアントがそのような裏メッセージを受け取っていると感じた場合、もう一度優先順位の高い「苦しかったね」、「がんばっているね」メッセージに戻って、クライアントのつらい状況やいかにがんばったかという話を聞く時間をもってください。

第5メッセージ「こうすればいいよ」

最後のポイントは、方法論に関するものです。がんばれルートと共通のポイントです。ここでは、「こうすればいいよ」というメッセージを与えます。

一般の人が相談を受けると、すぐこの優先順位の低い六番めのメッセージから入ってしまいます。それでは、がんばれルートでの支援になってしまいます。

クライアントの不安や警戒心が弱い場合には、まれにそのメッセージを正しく受け取ってくれることがあるでしょう。しかしそのクライアントが本当に悩んでいるクライアントであればあるほど、このメッセージだけを直接的に与えられると、次のような裏メッセージに取ってしまいます。

「この人は、私のおかれている状態の苦しさを軽く考えている。だからそんなことで簡単に乗り切られると思っているんだ」（「苦しかったね」を否定する裏メッセージ）

「この人は、私がまだ十分に努力していない、怠け者だと思っている。だからもっと努力しろと言っているんだ」（「がんばっているね」を否定する裏メッセージ）

「この人は、この程度のことでくよくよして、体調を崩すような弱いやつだと、私のことを思っている」（「無理もないよ」を否定する裏メッセージ）

「この人は私のことを、この程度のことも対処できない能なしだと思っている」（「善戦しているよ」を否定する裏メッセージ）

このようなメッセージとして受け取ったクライアントは、カウンセラーのアドバイスに対して、必死になって

・以前からその方法は考えていていたということ

・そしてもう十分試してみたということ

・あるいは、その方法は無駄なので試す価値がないということ

を説明しようとします。カウンセラーが自分の提案について固執すればするほど、クライアントもかたくなに、「できない」理由から反論を繰り返します。クライアントにしてみれば、アドバイスを受け取るということは、自分がダメ人間だ、自分はまだ努力してなかったんだ、自分のおかれた環境ではまだ助けを求めてはいけないんだ、ということを自分自身で認めることになってしまうからです。しかもカウンセラーとの議論になれば、攻撃されているという印象も生じます（「責めないよ」の否定）。つまり、これらのことは「こうすればいいよ」メッセージより優先すべきメッセージをすべて否定してしまうのです。クライアントはいっそう落ち込んでしまうでしょう。

ここに、カウンセリングにおいて単純にアドバイスをする、あるいはがんばれと励ますことのマイナス面があるのです。

さらに悪いことには、カウンセラーはクライアントのためを思って「一所懸命」知恵を絞ったのです。その努力が報われないばかりか、逆に相手を苦しめてしまっている。

しかし、かといって「こうすればいいよ」メッセージの効果がないわけではありません。

私たちが悩んだときに、他人の一言や本などから勇気をもらうことは、よくあります。そしてそれはほとんどの場合「こう考えればいいよ、こうすればいいよ」という第5メッセージです。

つまり、「こうすればいいよ」メッセージは効果も大きいが、副作用も大きい。だから上手に与える必要があるのです。

難しいことはありません。これまでに紹介したメッセージを提示する順番を間違えなければいいのです。そして「無理もないよ」メッセージ以降は、クライアントの反応をよく確認しながら裏メッセージにも気をつけ、優先メッセージに戻りながら、少しずつ方法論に向かって進んでいけばいいのです。

「こうすればいいよ」メッセージを与えた場合も、先ほど紹介した裏メッセージに取られていると感じた場合は、すぐにその失われた優先メッセージの補給にかかります。

たとえば、ある提案をしたときにクライアントが、

「でも、父がいるからなかなかそうもいかないんだよね」

と否定的な回答をしたら、カウンセラーは

「お父さんにもわかってもらうようにちゃんと説明すればいいよ」

などと提案を補強するような発言をするのではなく、

「そうかあ、お父さんがいるんだねぇ。それは難しいよねぇ」

と「苦しかったね」メッセージを補給するような対応をするのです。

メッセージとゾーンやスパークとの関係

六つのメッセージがあるからといって、一回のカウンセリングの中ですべてのメッセージを与えなければならないというものではありません。

この順番でメッセージを与えていけば、いつかどこかの段階でゾーンの安心感やスパークの解放感が得られるのです。ルートを示した一七九頁の図（図9）で、ゴールは具体的方法論のポイントではなく、クライアントが満足した時点である、と表現したのはこのことです。

極端な例では、「苦しかったね」メッセージで「話していいよ、攻撃しないよ」というメッセージを十分に受け取ったクライアントが「わかりました。なんかちょっと安心しました。実は今はあんまり人の力を借りようとは思っていないんです。もう少し自分でやってみたいのです。ただ、もっと苦しくなったときにどうなるんだろうなぁという不安があったんです。そのときはあなたに相談すればいいいんだとわかりました。ありがとうございました。もしそうなったら、また来ますので、よろしくお願いします」とゾーンの安心感から、満足することもあるのです。

このクライアントの場合は、「もう少しピンチになったらこの人に相談できる（相談してもいい）」という新たな情報が入ったので、将来に対する不安に「大丈夫。何とかできるかも……」という新たな意義づけをすることができた。結果として不安のプログラムの消費エネルギーが少なくなったのです。

あるいは、内心では「自分はこんなことで『苦しい』と言っていいんだろうか」と不安を抱えていたクライアントがいたとしましょう。

「責めないよ」メッセージで警戒心をとき、3原則を使って相手の話を聞きます。

クライアントが言うには「仕事はほかの人に比べて、むしろ楽なほうなんです。でも最近どうしても上司の反応が気になって……。情けないいんですけれど、ビクビクしているっていうか、この仕事を持っていったらまた怒られるのではないかと、悪いほうにばかり考えてしまうのです。すると結局、その仕事を直前になってから報告することになって、それでやっぱり怒られてしまう。結局自分が悪いのだとわかっているんです。でも、どうすればいいかわからない」

これを聞きながら、カウンセラーは、以下に示す☆印のところで5ステップを活用しながら大根役者のメッセージを与えます（☆印の「　」内は、実際に言葉でしゃべるものではなく、そういう表情するということ）。

「仕事は他の人に比べて、むしろ楽なほうなんです（☆興味津々「えー、そうなんですか」）。でも最近どうしても上司の反応が気になって……（☆共感「そりゃ、そうだよね」）。情けないいんですけれど、ビクビクしているっていうか、この仕事を持っていったらまた怒られるのではないかと、悪いほうにばかり考えてしまうのです（☆共感「そうなっちゃうよね」）。すると結局、その仕事を直前になってから報告することになって、それでやっぱり怒られてしまう（☆

驚き・納得「あ、そうか、そういうふうになっちゃうのか」）。結局自分が悪いのだとかっているんです。（☆共感「つらいよね」）。でも、どうすればいいかわからない（☆共感「そうだよね。苦しいよね」）」

さらに、ある程度話が進んだらテーブル広げ（要約）で、「苦しかったね」「がんばっているね」メッセージを明確に出します。たとえば、

「なるほど。ちょっとこれまでのことをまとめさせてくださいね。あなたは、会社に勤めてもう五年になるんですよね。みんなからも中堅で頼りになると思われている。そこに新しい上司が来たわけですね。その人は自分のやり方をみんなに押しつけてくる。あなたは、それでも上と下のパイプ役としていろいろ気を遣って何とか上手くやっていたわけですよね。

ところが一カ月前ぐらいに、あなたと同じ立場の隣の係長が、その上司に一週間ほどずっといじめ抜かれたわけですね。助けようにも助けることができなかった。それを見てから、あなたもその上司のことが、すごく気になるようになってきたんですよね。そして何回か注意を受けてしまった。その後、その上司を意識しすぎて、かえって報告のタイミングが遅れてしまって、また指導されるなんていう悪循環にハマっているわけですよね」

「そうなんです。自分で自分が悪いとわかっているのですけれども。こんなことで相談すること自体が情けないんですけれども」

「そんなことないと思いますよ。結構苦しい立場だと思いますよ。上司があなたの隣の係長をしつこくいじめたんでしょう。そんな姿を間近で見ていた、というか見せられたら、だれだってびびってしまいますよ。そして、どうしてもその人を避けるようになるから、かえって仕事が遅れるという悪循環にはなっちゃう。結構難しい状況ですよね」

「そうなんですよぅ」

さて、この文章だけを読んでいると、クライアントとカウンセラーが行き場（解決策）のない状態に二人して落ち込んでしまって、どうなるのだろうと不安になるかもしれませんが、実際はこのクライアントは、カウンセラーの困った姿を見て「この人でも困ってしまう状況なんだなぁ。俺が苦しんでも当たり前かぁ」と感じることができたのです。

ここではカウンセラーは「苦しかったね（大変な問題だ）」というメッセージを補給しようとしたのですが、結果的に、「がんばっているね」、「善戦しているよ」メッセージまで満たしていったのです。

カウンセラーの困っている顔を見ながら、クライアントが笑います。

「しょうがないですよ。やるしかないんです。でも、不思議なもんですね。こうやって話をしていると、何だか自分の問題が整理できたような気がして……かといって、何かここで解決したわけではないんですけどね（笑）。まぁでも、結構自分も大変だったんだなぁって、少し客観的に見ることができましたよ。ありがとうございました。また落ち込んだら、来てもいいですか?」

と、ふっ切れたような顔をして帰っていきました。

通常、「こうすればいいよ」メッセージによってもたらされるスパークは、たくさんの下位プログラムが一気に停止するので、まさに「ひらめき」という感じがします。それは具体的な方法に結びついているからです。ところが「苦しかったね」メッセージから「善戦しているよ」メッセージまでの補給によるスパークは、不安のプログラムが徐々に停止する小さなスパークなので、自覚的には、大きなひらめきではなく、何となく気が楽になった、つまりゾーンの快感です。しかし結果的にはそれによって、「この問題は大したことはないのだ」と楽観的になれたり、周囲に対する見方も変わり、行動する勇気も湧いてきたりします。

また、ある人にとっては、「自分は弱い」という自信のなさが悩みの中心であることもあります。そのような人の場合、「無理もないよ（普通だよ）」というメッセージで、一気に悩みが軽くなる大きなスパークが生じることもあります。

5メッセージと3原則の関係

5メッセージと3原則の関係をまとめておきましょう（図11）。

図11　メッセージとゾーン、技法との関係

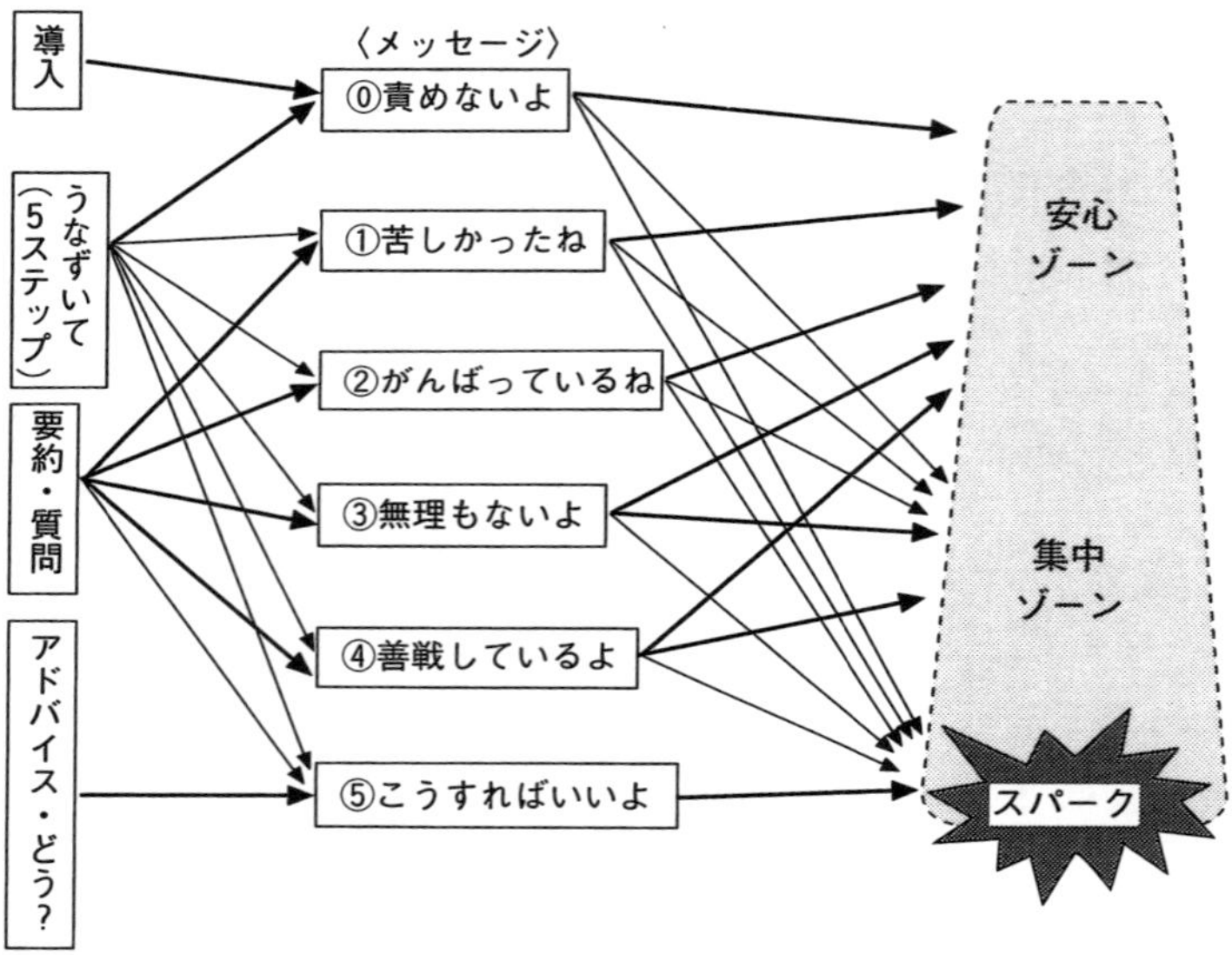

導入
うなずいて（5ステップ）
要約・質問
アドバイス・どう?
〈メッセージ〉
⓪責めないよ
①苦しかったね
②がんばっているね
③無理もないよ
④善戦しているよ
⑤こうすればいいよ
安心ゾーン
集中ゾーン
スパーク

まず、第1原則「リズムを変えてうなずいて」で、とくに「責めないよ」メッセージを満たすことを狙います。リズムを変えてうなずくということは、相手の話に興味を示しているというメッセージを与えます。もちろん上手なカウンセラーは5ステップを使いこなして、さらに第1のメッセージを強烈に与えることができるでしょう。ところが初心者が相談を受ける場合、カウンセラー自身が緊張してしまいます。その結果カウンセラーの顔から表情がなくなり、首を振ることも忘れてしまうのです。問題が深刻であればあるほど、複雑であればあるほど、この傾向が強くなります。そこで3原則で

イスをしているのです。
は初心者のために、「まず首を振ってください、できれば単調にならないように」というアドバイスをしているのです。

さらにこの第1原則は、あとのメッセージを満たすための基礎となる技術なので、「こうすればいいよ」メッセージまでのすべてのメッセージが関係していると考えていただいて結構です。

次の第2原則「じゅうぶん聞いたら要約（ようやく）・質問」では、主に「苦しかったね」から「善戦しているよ」メッセージをターゲットとしています。

上級者になれば、うなずくタイミングや要約と質問の表現の仕方で、それぞれ狙ったメッセージを出すことが可能でしょう。しかしレッスン1では、あくまでも初心者用のヒントとして3原則を提示しているので、それほど難しいことは要求しませんでした。

とりあえず、初めは要約を入れて、質問をする。それができるようになったら、相手の「苦しかったこと」「がんばったこと」などに焦点を当てた要約や質問をするように練習しましょう。

第3原則「アドバイス・どう?」は、「こうすればいいよ」メッセージと関連します。ためしに方法論や新しい考え方のスパークをねらって、アドバイスをしてみるのです。

カウンセリングがうまくいくかいかないかは、確率論だといってもいいでしょう。うまくゾーンをつくれれば、スパークする確率がある。しかし必ずスパークするというものでもない。

いいカウンセリングとは、スパークする確率の高いカウンセリングのことです。しかしたとえエキスパートのカウンセラーでも、相手を必ずスパークさせることができるなどとは思ってはいけません。スパークは水ものなのです。

いずれにしても、ゾーンをつくり、それを深めることはできます。それがカウンセリングの基本的作業です。話が具体的な方向に発展していったら、方法論のスパークのためのきっかけを与えてみてもいい、それが自然なのです。ただし「こうすればいいよ」メッセージの項で紹介したように、アドバイスには副作用（裏メッセージ）があります。その副作用を抑えるために3原則では、アドバイスは一〇秒以内に終わり、必ず相手に「どう思う？」と話題を戻すことをルールとしているのです。

メッセージでカウンセリングすることの利点

繰り返しになりますが、私はカウンセリングで最も大切なのはメッセージコントロールだと思っています。だから私は自分のカウンセリングのことを「メッセージコントロールカウンセリング」と呼んでいます。

メッセージを出す手段は、主にカウンセラーの表情・リアクション、話題の選定、要約・質問です。平たくいえば顔で勝負するか言葉で勝負するかということです。

私は、皆さんにはとくに顔のトレーニングをしてほしいと思っています。というのは、顔のほうがカウンセリングでは使い勝手がよいからです。

第一の理由は、真実らしさがあるということです。メラビアンの法則でも述べましたが、人は言葉よりも映像から多くの情報を得るくせがあります。

「苦しかったですね」と口で言うよりも、クライアントの話を「何かに肉体を傷つけられた痛さをイメージしたときに顔に表われる表情」で聞いたほうが、「苦しかったね」メッセージはより真実身をもって相手に伝わります。

二番目の理由は、一か〇のデジタルではなく、中間の情報を出すことができるということです。もちろん言葉でもいろんな表現ができますが、「少し苦しかったですね」「私は少しだけあなたが苦しいということを理解しました」などと、不自然な形になります。

ところが表情なら、痛さの度合いを変化させればいいわけで、「苦しかったね」メッセージのなかでもさまざまなレベルのメッセージを与えることができるのです。

またカウンセラーがクライアントから自分のことを責められるような発言をされた場合、なかなかそのとおりだとは言えないでしょう。そう言うことは、カウンセラーが自分の行動に関する責任を負うことになるからです。そのような場合でも、うなずくだけなら「責めないよ」メッセージを与え続けることができます。

このように、表情でメッセージをコントロールできるようになると、カウンセラーの実力と適用の幅を大きく広げることができます。

ただ「私は表情をつくるのが苦手」という人もいるでしょう。その人はその分、言葉によるメッセージコントロールを磨けばいいのです。歌手や俳優にいろんなタイプがいるように、カウンセラーにもその人の個性に応じていろんなタイプがいてもいいのです。みんなが同じような金太郎飴になる必要はありません。自分の個性をよく見極めてください（でも、個性に甘んじて練習するのをサボる言い訳にしないでくださいね）。

顔の勝負がある程度できるようになったら、言葉にも気をつけるようにします。言葉を使ったメッセージコントロールの最初の手段は、質問による話題の選定です。

クライアントが「わかってほしい」と思う内容を、十分に質問することで、「それは私も大切なことだと考えている」というカウンセラーの態度が伝わります。

もし、そんな内容を軽く流され、「ところでお母さんはそのときどうしていたの？」などとまったく関係のない質問をされたら、クライアントはカウンセラーに自分の伝えたいことが伝わらなかったと感じます。

だから、まずクライアントの話す事実関係について、綿密に縦掘りしていくのです。クライアントが話すその物語の中で、クライアントが「苦しかったこと」「がんばったこと」を見つけようという視点で聞くのです。すると自然にそのことが話題の中心となり、第2の「がんばっているね」メッセージが表現されていくのです。それが基本の聞き方だと思ってください。

話題の選定によるメッセージコントロールを身につけたら、次は要約・質問を使ったメッセージコントロールを勉強しましょう。

要約・質問でメッセージコントロール

要約・質問では、カウンセラーの意図とかかわりなく、どうしてもメッセージが表われてしまいやすいのです。同じ話を要約するにしても、次に示すような極端な二つのパターンになってしまうのです。以下に例としてクライアントの話の概要を示します。ここでは中要約の一例で比較してみましょう。

［例］

息子のことなんですが、もう二五歳にもなるのにいまだに定職につかずに、フリーターをしているのです。息子は高校の一年の末から二年の夏までずっと不登校でした。その後も学校に行けないことがしばしばありました。何か特別な理由があったわけでもなく、いじめられてきたわけでもなさそうなのです。それでもなかなか学校での生活にはなじめなかったようです。ただ先生に恵まれたおかげで、高校は無事卒業することができました。

でも就職した先で上司と意見が合わなかったようで三カ月で辞めてしまいました。夫は「いやな仕事ならしなくていい」という考えで、その後もしばらく家にいて何をするでもなく、ぶらぶらして過ごしていました。昼間は寝ていて、夜になると外出したり、パソコンで何かをやっているようです。私も仕事をしているので夕方疲れて帰ってくるのですが、夕食が遅いといっては、私に暴力を振るうようになりました。

ここ一年、暴力はエスカレートするばかりで、私だけでなく父親や妹にも、なぐったり、物を投げつけたりします。

家族全体が疲れ果ててしまい、妹は家を出て行きました。息子が冷静なときに親子三人で話し合い、息子も家の近くにアパートを借りて自立してみることになったのです。三カ月前のことです。

最近ようやくアルバイトに通えるようになったのですが、週末になると帰ってきては、私に暴力を振るうのです。私は家に帰ってきてほしい気持ちもありますが、息子が帰ってくると、何を言っても殴られるのではないかとビクビクしてしまうのです。


〈良くない要約・質問のパターン〉

「二五歳の息子さんがいらっしゃって、フリーターなんですね。高校から不登校だったわけですね。いじめられているわけでもないのに、学校に行かなくなってしまったんですね。ご両親としては、そのときにどのような対処をされたんですか?」

「ようやく高校を卒業し、就職できたにもかかわらず、わずか三カ月で辞めてしまったのですね。辞めてしまった理由をお母さんは知っていらっしゃいますか?」

「そのときにご主人は『いやな仕事ならやらなくていい』とおっしゃったわけですね。それで息子さんもその気になって、家にいついてしまった。お母さんはそれを許してしまったのですか?」

「昼間はぶらぶらして、夜になると遊んでいる。それで暴力を振るうようになったわけですね。どうしてそうなる前に何とかしようと思わなかったのでしょうか?」

「だんだん暴力はエスカレートしてきたので、妹さんも家を出てしまった。そこで親子三人で相談して、息子さんがようやく自立するようになったわけですね。ところが週末になると帰ってきて、またお母さんに暴力を振るう。お母さんとしては殴られることにビクビクしてしまうんですね。彼が帰ってこないようにはできないのですか?」

［解説］このカウンセラーは、全体を通じて、「息子を甘やかしている親の責任だ、親がしっかりすれば息子も図に乗らず、仕事ができる。悪いのは両親、とくにここにいる母親が甘やかしているからだ」というメッセージを出してしまっています。

本当にそう思っているカウンセラーの場合は、それはそれである程度仕方ありません。しかしそう思っていないカウンセラーの場合でも、この要約と質問では、「自分は息子を甘やかしていると、指摘されるかもしれない」と不安に思うクライアントにとって、同じように「自分を責めるカウンセラー」と受け取られてしまうのです。

〈良い要約・質問のパターン〉

「二五歳の息子さんがいらっしゃって、フリーターなんですね。高校から不登校だったわけですね。大変だったですね。いじめられているわけでもないのに、学校に行けなくなってしまったんですね。ご両親としては、いろんなご心配をしたと思うのですが、そのときにどのような対処をされたんですか?」

「ようやく高校を卒業し、就職できたと一安心していらっしゃったところで、わずか三カ月で辞めてしまったのですね。そのときはどんなお気持ちでしたか?」

「そのときにご主人は『いやな仕事ならやらなくていい』とおっしゃったわけですね。それで息子さんもその気になって、家で休むようになったんですね。お母さんはそのとき、ご主人がそうおっしゃられたことについて、どう思っていらっしゃいましたか?」

「昼間はぶらぶらして、夜になると遊んでいる。それで暴力を振るうようになったわけですね。それはたいへん苦しい状況ですよね。ぶらぶらしているのは、お父さんが許しているし、でもおそらくそういうのを見ていると親としてイライラしてきますよね。疲れて帰ってきて、さあこれから夕食を準備しようと思っていたら、「夕食が遅い」と言われて殴られてしまったんですね。つらかったですね。それでもお母さんは耐えてきたんですね。それからどうなったのですか?」

「だんだん暴力はエスカレートしてきたので、妹さんも家を出てしまった。そこで親子三人で相談して、息子さんがようやく自立するようになったわけですね。すばらしいですね。家族で話し合って一歩前進できたのですね。ところが週末になると帰ってきて、またお母さんに暴力を振るう。お母さんとしては殴られることにビクビクしてしまうんですね。当然ですね。

お母さんとしては愛する息子が心配で帰ってきてほしい気持ちもある。その一方で帰ってくると殴られるかもしれないので、息子を恐れる自分がいる。今そんな苦しい状態におかれているわけですね」

［解説］このカウンセラーは、クライアントであるお母さんに対して、積極的にメッセージを与えています。とくにお母さんのつらい状況をよく理解し、「苦しかったね」と「がんばっているね」が伝わるように要約し、攻撃調になりやすい質問においても、「責めないよ」が伝わるようなクライアントサイドに立った質問をしています。「こうすればいいよ」メッセージは（この段階では）現われてきていません。

このような要約・質問をすることで、クライアントはカウンセラーが攻撃的な人ではなく、自分の味方になってくれそうだと感じることができるようになります。安心ゾーンができてくるのです。

✤つぼみたちへ

メッセージコントロールはTPOで異なる

さて、メッセージコントロールは何もカウンセリングの場面だけにとどまるものではありません。人間関係すべてに当てはまります。

ここで紹介したのは、あくまでもカウンセリングの場面を想定したものです。クライアントはカウンセラーとあまり面識がなく、すでに相当傷つき警戒心を強くした状態でカウンセラーに会います。またクライアントが相談する内容はカウンセラーと直接関係ありません。そういう限定した状況のなかで有効なルールなのです。場面が変われば、ここで紹介した六つのメッセージを、そのまま使うことはできません。

あるカウンセリングビデオを見ていてびっくりしたことがありました。

部下が課長に相談をしているシーンです。相談者は現場の係長の指示が悪くて、仕事がうまくいかないということを課長に相談しています。

そこでなんと課長は「そうか、それは困ったねぇ。それで君はどうしたらいいと思う？」などと返しています。きわめてカウンセリング的ではありますが、課長がそれを言うと、「僕にはあまり関係ない問題なんだ」というメッセージを与えてしまうのです。ビデオではシナリオがありますから、相談者のほうが勝手に自分の答えを導き出していくという手前味噌の落としどころになっていました。しかし、もしこれが実際に行なわれた相談なら、部下は「あの人は、相談しがいがない。ちっとも理解してくれないし、動いてくれる気配もない」と判断するでしょう。

またこのようなこともありました。

私の講義を聞き、「大変だね」というメッセージが重要であると単純にとらえてしまったある上司は、部下に対して挨拶代わりに「大変だね」と話しかけるようになりました。

部下にしてみれば、これもひどく無責任な言い方であり、「俺がやってるのは、お前の仕事だぞ」と言いたくなります。上司が「大変だね」と挨拶すればするほど、部下はむかつくという悪循環に陥っていました。

これも、ここで紹介したカウンセリングという場面限定でのルールを、上下関係あるいは利害関係がある職場の人間関係に、単純に持ち込んでしまった失敗例です。

ワンパターンに陥らずに、その場その場にふさわしいメッセージコントロールをこころがけるように、日頃から、自分の言動が相手にどのような影響を与えるかを考えながら過ごしてみましょう。また、時々仲間うちで、自分の言動がどのような意味合いを含んでいるのかを確認し合う作業も、カウンセラーとしては重要な勉強でしょう。

ロジャースの3原則と5メッセージの関係

日本でカウンセリングを勉強しようとすると、ほとんどの場合ロジャースの来談者中心療法を教えてくれるはずです。その中でも最も重要なこととして、受容（無条件の関心）、共感、自己一致の三つを教えられます。

私もこれは大変重要なものだと思いますが、私のカウンセリング教室ではこの三つはあえて教えていません。というのも、初心者にはわかりにくいばかりか、混乱をするもとになるからです。

そもそもこの三つの項目は、ロジャースというカウンセリングの天才が、カウンセリングをするうえでの気をつけるべきこと（つまり「コツ」）を表現したものです。先に断ったとおり非常にわかりにくい概念ではありますが、誤解を恐れずに簡単に表現すると、

・受容とは、相手の言うことを批判的な態度でなく、先入観にとらわれずに受け容れること
・共感とは、あたかも相手の立場になって自分が感じるように相手の感情や苦しみを感じること
・自己一致とは、あるべき自分と現在の自分の差がない状態にあろうとすること

です。これはいずれも、いわゆる「こころがまえ」に関するコメントなのです。

つまり、もしあなたがこれから野球を練習しようとするとき、コーチが「野球にもっとも必要なのは長島選手のように、「ボールが止まって見えるように集中すること」だと言ったとしましょう。しかしまだキャッチボールもろくにできない人に、このコツは意味があるでしょうか。逆に絶対止まらないボールが、止まって見えるという矛盾に混乱してしまい、何をどう努力すればいいのかいっそうわからなくなる可能性があります。

そのような初心者には、同じように集中することを指導するにしても「ボールの縫い目を見るように努力しろ」と具体的に示してあげたほうが、わかりやすいコツになるのです。

本書では、具体的なメッセージを順番に出していくという5メッセージという概念でわかりやすく解説してみました。表現の仕方は大きく異なりますが、おそらくそれはロジャースのいう受容や共感、自己一致と同じようなことを強調するものだと思っています。

ロジャースの教えたコツは、多くの人に伝えられる際に少しずつ誇張されたり、曲解されたりし

てきたようです。

混乱しやすいのが、自己一致と受容の関係です。カウンセラーがクライアントに対して人間として嫌な感じをもつことがあったとしても、それは自然なことです。ロジャースのような達人ならば、それをそのまま口にしても、クライアントとの関係をうまく維持できたのでしょう。

しかし、素人が「私はなんとなくあなたのことが嫌いなんです。あなたの言っていることはどうも嘘にしか聞こえません」と正直に言ったら、どうなるでしょう。「これまで聞いてきたところ、どうもあなたが努力しないと思いますよ。物事から逃げてるんじゃないですか」と口にしたらどうなるでしょう。

ほとんどの場合クライアントは、そのカウンセラーから離れていきます。つまり重要なのはカウンセラーがどのようなメッセージを出すかということなのです。

来談者中心療法の一つのトレーニング方法であるエンカウンターグループという技法では、参加者がつとめて自己一致した状態になるように、お互いにはたらきかけます。お互いが本音で言いたいことを言うという場なので、確かに装飾の多い現代人にとって、多くの気づきが得られる機会になります。その一方で、さまざまな否定的なメッセージを与えられて、こころの奥底まで傷つく体験をしてしまうこともあるのです。メッセージコントロールという一番重要な部分を無視して、自己一致というコツの表面的な部分ばかりを強調してしまった結果です。

繰り返しますが、最も重要なのはメッセージコントロールです。極端なことをいうと（これはロジャースのいうこととは逆かもしれませんが）こころの底から思っていなくても、メッセージがコントロールされていさえすればいいのです。

私はプロとは、行動をコントロールすることができる人のことだと思っています。私たちがファーストフード店に入ったとき、店のバイトの人はもしかしたら、「面倒くさいな」と思っているかもしれません。しかしそれを表面に出さず、笑顔でにこやかに「いらっしゃいませ」と言え、客が心地よいように対応してくれることが、プロなのです。

私たちカウンセラーも、確かにクライアントに対して人間的に完璧に誠実で、ボランティア精神にあふれ、その人の幸せを純粋に願っていれば、自然と良いカウンセリングになっていくでしょう。しかしそれは、ロジャースのような大天才が気をつけるべき「コツ」なのです。

私たち凡人は、もっと具体的なことから始めなければいけないのです。ファーストフード店の店員が、まずはマニュアルどおり笑顔をつくり、おじぎをし、相手の注文を聞きもらさないように繰り返し、早くきれいに商品を手渡すことを覚えていくように、一つひとつの動作を練習しましょう。マニュアルを卒業するのは、それらの動作が自然にできるようになってからです。

カウンセラーに勉強してほしいこと

カウンセリングを教える人の中には、カウンセリングの定義の中に「健常者に対して」という項目を入れている人もいます。

ただ私は、それはあまり現実的ではないと思うのです。人はあまり困っていないときには自分の力で生きていきたいのです。人の力を借りたいと思うときは、かなり困っている状態です。極論すればカウンセリングを受けようとする人の半分は、程度の差こそあれうつ状態にあるというのが私の経験値です。

ベテランのカウンセラーの中にも「そんなことない」という人がいると思いますが、うつ状態の人は、「表面飾り」といって、その症状を隠している人が非常に多いのです。

クライアントの疲労（エネルギー）状態を適切に判断するということは、これまであまりカウンセリングの世界では強調されてこなかったテーマかもしれません。

一般的な教育を受けてきたカウンセラーがクライアントに対応する場面を見ていると、どうしても基本的にエネルギーがある人用の対応をしてしまいがちなようです。

もともとカウンセリングは、医療を必要としないレベルの人に対するもの、という考え方や、大学などでエネルギーの高い若い人を中心としたカウンセリングで経験を積んだ人が多いために、いきなり認知行動療法やコーチング的にカウンセリングを進めてしまうのでしょう。

しかし現実には、クライアントは自分がうつ状態にあるのか、エネルギーが高いのか低いのかなどわからずに、苦しいからカウンセラーに相談するのです。

ですからカウンセリングを勉強する人は、ぜひともうつ状態についてくわしくなってほしいのです。うつ状態になると、症状として死にたい気持ち（希死念慮）が生じることがあります。当然、この希死念慮への対策もカウンセラーの仕事になります。

とくに、うつ状態からのリハビリ期は、長く大変つらい思いをしながら社会復帰していくのですが、このときのカウンセリングでは、「無理もないよ」メッセージを多く出していきます。「苦しかったね」メッセージだけだと、「素朴な疑問――はじめにかえて」で紹介した私の失敗事例のように、クライアントも「やはり自分は、カウンセラーも困るほどひどい状態なんだ。自分のうつは特別で、治らないんだ」と感じてしまうからです。

また事故や災害の後のショックに対する対応、愛する人を失ったときの対応なども重要な項目でしょう。ひきこもりや不登校、ニートなどについても、基本的な知識をもたなければなりません。

このような相談は、いわゆるクライシスカウンセリングと呼ばれ、通常のカウンセリングとは別のものと考えられていましたが、「人が相談したいと思う」のはこのようなクライシスの場面が多いのです。そこでは単に話を聞くだけは不十分で、専門家としての提案やアドバイスが求められる場面が多くなります。

ですからカウンセラーには、これからもっともっとこの分野を勉強してほしいのです。巻末にこの分野に関する私の書籍を紹介しておきます。参考にしてください。

素朴な疑問に対する答え――おわりにかえて

Q1　聞いているだけではらちがあかないのではないか。実際アドバイスして目が開いたというケースが多いのではないか。

A1　確かにアドバイスは効果がある。だからアドバイスしてもけっこう。ただし、アドバイスすることの欠点もあるので、上手にアドバイスをしなければならない。

（復習→レッスン3、レッスン6）

Q2　聞くだけだって？　それでクライアントが自分自身の解決法を見つけていく？　でも、話を十分聞いても、新しい答えなんて見つからないことが多いのでは。

A2　新しい答えがなくても過剰な不安を取り除くことはできる。また、カウンセリングとは、必ずある新発想が約束されるというものではない。楽になる発想が生じやすい環境を整え、発想のためのヒントを与える。実際に大きな視点の転換が起こるかは、確率の問題。

（復習→レッスン4、レッスン5、レッスン6、レッスン7）

Q3　クライアントは具体的な問題で悩んでいるはず。カウンセラーが直接解決方法を教えれば、一番早く解決すると思うけれど……。

A3　カウンセラーが思っている解決法が、必ずしもクライアントのこころを軽くするとはいえない。

（復習→レッスン4、レッスン5、レッスン6）

Q4　ただ話を聞いただけでは何かをしてやったという気にもならないし、相手も満足しないのでは。

A4　カウンセラーが、カウンセリングとは何かを正しく理解していれば、そのような不安は少なくなる。また、実際正しいメッセージを与えながら話を聞いていくと相手が満足するという体験を積むことにより、実感できるようになる。まずは、実践。

（復習→レッスン4、レッスン7）

Q5　クライアントが自分自身の考え方・行為を変えなければ、問題は解決しないのでは。弱いこころを何とかしなければまた問題を起こすのでは。

A5　カウンセリングは、クライアントの人生すべてを変えるためのものではなく、今の苦しみを減らし、再び歩き出すまでの支援をするもの。

（復習→レッスン4）

Q6　相手の言い分ばかり聞いていたら、かえってその悪循環に考え方を固定させてしまうのではないか。もっとポジティブなことを言ってやったほういいような気がするが……。

A6　確かにそういう面もある。だからポジティブな視点がすべてだめというわけではない。ただし、悩んでいる人の心理状態を考えると、いきなりポジティブなことを言われると、自分を非難されているように感じて、逆にかたくなになってしまう。そのようなこころの緊張をとかす手順として、まず相手の言い分を聞くという段階がある。

（復習→レッスン5、レッスン6、レッスン7）

Q7　ゆっくり話を聞くというが、職場ではそんな余裕はないだろう。

A7　職場での現実的なトラブルは、すぐに指示してあげたほうがよい。しかし、その人の感じ方や人間観、あるいは精神的疲労などが問題の根源にある場合、表面的なトラブルをいくら「指示」で乗り切っても、全体的には改善されない。結果的に本人の思考・感情を支援する方法で援助したほうが、支援するほうの時間も労力も少なくなることが多い。

（復習→レッスン4、レッスン5）

Q8 話を聞き続けるなど自分にはできない。イライラして自分の身がもたない。

A8 結局イライラするのは、相手の状態をよく理解していないのと、自分ならこうするのに……という、一般的問題解決の思考から抜け出していないから。悩んでいる人を支援するコツと手順を理解すれば、イライラしなくなる。

（復習→レッスン1、レッスン2、レッスン3、レッスン4）

Q9 相手の話をすべて無批判に受け容れる（受容的態度）なんて自分にはできない、というか向かない。相手のことをすべて認めるなんて、結局その状態を「よし」とすることだから、改善の意欲がなくなって、逆に甘えたこころを助長することになりはしないか。

A9 これは、ロジャースのコツが、曲解されたもの。すべてを無批判に受け容れるのではなく、信頼関係ができるまでは、相手の感じ方を否定しないで聞くということ。

（復習→レッスン1、レッスン2、レッスン3、レッスン5）

Q10 積極的傾聴か。だいたい自分は人間や他人の話にあまり興味をもてないのだが……。

A10　相手の話をしっかり要約していけば、興味があるなしにかかわらず、相手に「熱心に聴いてくれている」という印象を与えることができるし、実際結果的に興味をもって聞くことになる。

（復習→レッスン2）

Q11　自分には人生経験がないのでうまく支援できない。共感するといっても、素地がない。

A11　カウンセリングは人生経験で支援するものではなく、思考の支援。共感の素地は、勉強で補う。また、人生経験が少ない人はそれを武器にして、「教えてください」という態度で相手の表現欲求を満足させるアプローチで支援すればよい。

（復習→レッスン4、レッスン5）

Q12　自分のすべての感情に気づき、それを素直に表現する（自己一致）なんて、必要なのはわかるけれど自分にはとてもできない。そんな聖人君子ではない。

A12　これは、ロジャースなりにメッセージコントロールの重要性を意識せよといっているもの。精神面でしばりをかけると、カウンセラーが苦しくなる。技術としてメッセージコントロールに気をつけるだけでよい。

（復習→レッスン1、レッスン2、レッスン3、レッスン7）

Q13　人に奉仕する精神が欠けている自分には、カウンセリングはできないのではないか。

A13　人に奉仕する精神は、無意識の中に誰でももっているもの。あとは方法論。本書ではその方法論を伝えた。

（復習→レッスン1、レッスン2、レッスン3、レッスン7）

Q14　ぐずぐずしている人は嫌いだと感じる、そんな自分にはカウンセリングは向いていないのでは……。聞いていると、こちらが落ち込むこともあるし……。自分自信が悩みをもっている。そんな人がカウンセリングする資格はあるのだろうか？　そんな自分がカウンセリングすると相手をもっと悪くしてしまいそう。

A14　自分自身のエネルギーが低下しているときは、人は支援できない。そこはカウンセラーとしての実践の中で、「クライアントとの距離」を保つ練習をするべき。カウンセラーの先輩によく相談して、コーチ（スーパーバイズ）を受けるといい。

ただ、エネルギーが回復しさえすれば、過去うつ状態に陥っていても、いま何かの悩みをもっていても、問題はなくカウンセリングできる。つらい状態を乗り越えた後は、共感の素地が豊かになるし、苦しい状態から脱出するためのコツも理解しているので、むしろいいカウンセリングができるようになるだろう。

（参考→参考文献）

最後に一言

本書ではメッセージコントロールの重要性について説明してきました。メッセージコントロールなどと横文字を使っていますが、これは「相手が元気になりそうなことを言ったり、してあげたりする。相手が落ち込むようなことを言わない」というだけのことで、だれでも無意識にやっていることです。

ところがいざカウンセリングになると、さまざまな議論や技術の知識にとらわれて、この一番大切なことに目が向かなくなってしまうのです。多くのカウンセラーが陥っているこの悪癖に警鐘を鳴らしたくて本書を執筆しました。

「だれでも無意識にやっていること」ではありますが、上手にやっているかというとそうではありません。悩んでいる人（クライアント）の感じ方や思考の特徴に応じた対応しなければならないにもかかわらず、元気な人（カウンセラー）の発想をそのまま押しつけている人が多いのです。本書で「がんばれルート」と呼んだ支援の方法です。

本書で紹介した「守ってやるよルート」でメッセージを与えていくと、多くの場合クライアントは、安心し、自信を回復して、問題を新たな視点からとらえなおすことができます。

カウンセリングの技術の中で、「傾聴」は、金科玉条のごとくいわれていますが、たとえばうつ状態がひどい人に対しては、私はいくつかの質問をするだけで、あとは「ぼくはたくさんのうつ状態の人を支援してきました。だからあなたの苦しさがわかりますよ。つらかったですね。がんばってここまできましたね」とメッセージを与えていきます。

結果的に、クライアントに次の対処（受診、休養）に移る決心を納得してもらい、二〇分ほどでカウンセリングを終了することも多いのです。私は彼がどれぐらい苦しかったかについて十分聞いていませんし、ましてや彼がどんなことで悩んでいたかも知りません。

しかし彼は、安心して、次の行動を選択できたのです。つまり傾聴や問題解決がなくても、彼のこころを楽にする支援はできるのです。そのポイントとなるのが「メッセージコントロール」なのです。

本書をまとめるにあたり日本評論社の永本潤さんには、大変お世話になりました。新しい概念を取り上げるのは、出版社としてもある種の冒険になります。私のような異端のカウンセラーにこのような機会を与えていただき、感謝しています。

これまで出会ったクライアントの皆さんに、感謝します。皆さんとともに考えた、教えられたことが本書のすべてだと言っても過言ではありません。

本書が、カウンセラーの皆さんの実践にとって、ほんの少しでもお役に立てば幸いです。

参考文献（下園壮太著のみ）

●『自殺の危機とカウンセリング』金剛出版、二〇〇二年
死にたいという気持ちに対応するためのカウンセリングスキル。集団カウンセリング（ディブリーフィング）の要領や、事例を紹介。

●『人はどうして死にたがるのか』文芸社、二〇〇三年
感情のプログラム、死にたくなるまでの心理過程、対処について。

●『うつからの脱出』日本評論社、二〇〇四年
うつになるメカニズム、うつの人でも一人でできる脱出のためのトレーニング（プチ認知療法）を紹介。

●『愛する人を失うとどうして死にたくなるのか』文芸社、二〇〇四年

大きなショックに遭遇したときの人の心理状態と、その回復のメカニズムについて。

●『あきらめ上手は生き方上手』マガジンハウス、二〇〇五年
現代人のエネルギー系の苦しさの仕組みを、苦しみのプログラム、幸せのプログラムのはたらきによって解説。「あきらめる」は、生き残るための高度な精神作業。

●『うつからの完全脱出』講談社、二〇〇六年
うつから脱出するには、長いリハビリ期をどう過ごすかが重要。J君の事例を通して、そのポイントを紹介。

●『ナースのためのストレスコントロール術』中央法規出版、二〇〇七年
ストレスコントロールやコーチングの基本について解説。

●『一時間で相手を勇気づける方法』講談社、二〇〇八年
一般の人が上手に相談に乗るためのコツを、メッセージを主体に解説。

■著者略歴

下園　壮太（しもぞの・そうた）

1959年　鹿児島県生まれ。
1982年　防衛大学校卒業後，陸上自衛隊入隊。
1999年　陸自初の「心理幹部」として，多くのカウンセリング経験を積む。
2001年　防衛庁のメンタルヘルス検討会の委員として提言作成にかかわる。
2002年　本邦初の組織的ポストベンションチームの一員として活動開始。
現　在　陸上自衛隊衛生学校で衛生科隊員（医師・看護師等）にメンタルヘルス，自殺防止，カウンセリングなどを教育中。
［著書］『自殺の危機とカウンセリング』（金剛出版），『人はどうして死にたがるのか』（文芸社），『うつからの脱出』（日本評論社），『あきらめ上手は生き方上手』（マガジンハウス）など。

目《め》からウロコのカウンセリング革命《かくめい》
メッセージコントロールという発想

●――2008年2月29日第1版第1刷発行

著　者――下園壮太
発行者――林　克行
発行所――株式会社 日本評論社
〒170-8474　東京都豊島区南大塚3-12-4
電話 03-3987-8621（販売）-8598（編集）
http://www.nippyo.co.jp/
振替 00100-3-16
印刷所――平文社
製本所――精光堂
装　幀――海保　透
検印省略

ISBN978-4-535-56259-2　Printed in Japan